○の中の数字は、
はるページだよ。

パラパラまんが
やったよ！シール

毎日、勉強が終わったら、ページの
左下にシールをはろう。

めじるしーる

覚えておきたいページの上を
シールではさむようにしてはろう。

（きりとりせん）

漢検

5級

いちまるとはじめよう！
わくわく漢検

改訂版

漢検 公益財団法人 日本漢字能力検定協会

もくじ

ふろくのシールとポスター※もあるまる！

※漢検ホームページからダウンロードできます。

2

日本漢字能力検定5級は、小学校6年生で学ぶ漢字191字を中心に、それまでに学ぶ漢字をふくめた読み、書き、使い方などが出題されます。

本書はその191字を1日10分で1か月間、楽しみながら学ぶことができます。

漢字で遊ぼう！わくわく広場

これから習う漢字を使って、クイズや迷路で遊びましょう。

終わったら、シールをはりましょう。

漢字表・練習問題

漢字は、意味や使う場面などのテーマごとにわかれています。

「漢字表」の「読み」は、音読みをカタカナで、訓読みをひらがなで示しています。中は中学校で習う読みで4級以上で出題対象に、高は高校で習う読みで準2級以上で出題対象になります。

1週目から5週目まで、わかれています。

「部首・部首名」は、漢検採用のものです。

復習問題

5日分の「漢字表」と「練習問題」が終わったら、「復習問題」をといてみましょう。

テストにチャレンジ！

30日分の学習が終わったら、力だめしをしてみましょう。

まちがえた問題は、「漢字表」を確認して、もう一度練習してみましょう。

いちまるの家族

宇宙のかなたから、漢字を学ぶためにやってきたなかよし家族

いちまる　ぷちまる　ちちまる　ははまる　おじじまる　おばばまる

いちまるの友達

ぎざるぼん

漢検ホームページ（https://www.kanken.or.jp/kanken/dl10/）から、漢字表のポスターをダウンロードできます。くわしくは、この本のカバーの折り返し部分をごらんください。

おうちの方へ
個人受検の申し込みについて

「漢検」とは

「日本漢字能力検定（漢検）」は、漢字能力を測定する技能検定です。

「漢字を読む」「漢字を書く」ための知識量だけでなく、漢字の意味を理解し、文章の中で適切に漢字を使いこなす能力も測ります。

① 受検級を決める

検定会場　全国主要都市　約170か所に設置（実施地区は検定の回ごとに決定）

実施級　1、準1、2、準2、3、4、5、6、7、8、9、10級

受検資格　制限はありません

まずは、
受検級を
決めるまる。

② 検定に申し込む

ホームページ https://www.kanken.or.jp/ からお申し込みができます。

（クレジットカード決済、コンビニ決済が可能です）。

ホームページへ簡単にアクセスできます。

下記の二次元コードから日本漢字能力検定協会ホームページへ簡単にアクセスできます。

※申込方法など、変更になることがございます。

最新の情報はホームページをご確認ください。

③ 受検票が届く

受検票は検定日の約1週間前にお届けします。4日前になっても届かない場合、協会までお問い合わせください。

いちまるの
受検票が
届いたまる。

お問い合わせ窓口

電話番号 フリーコール **0120-509-315**（無料）

（海外からはご利用いただけません。ホームページよりメールでお問い合わせください。）

お問い合わせ時間　月～金　9時00分～17時00分

※祝日・お盆・年末年始を除く）

※検定日とその前日の土、日は開設

※検定日は9時00分～18時00分

メールフォーム https://www.kanken.or.jp/kanken/contact/

⑩4 検定日当日

検定時間

2級 ：10時00分～11時00分（60分間）

準2級 ：11時50分～12時50分（60分間）

8・9・10級 ：11時50分～12時30分（40分間）

1・3・5・7級 ：13時40分～14時40分（60分間）

準1・4・6級 ：15時30分～16時30分（60分間）

持ち物

受検票、鉛筆

（HB、B、2Bの鉛筆またはシャープペンシル）、消しゴム

※ボールペン、万年筆などの使用は認められません。ルーペ持ち込み可。

⑩5 合否の通知

検定日の約40日後に、受検者全員に「検定結果通知」を郵送します。合格者には「合格証書」・「合格証明書」を同封します。欠席者には検定問題と標準解答をお送りします。受検票は検定結果が届くまで大切に保管してください。

合格しているまるかなぁ……

忘れ物はないまる？

家族受検表彰制度について

家族で受検し合格された場合、個別の「合格証書」に加えて「家族合格表彰状」を贈呈する制度があります。申請方法や、その他注意事項は漢検ホームページにてご確認ください。

団体受検について

学校や企業などで志願者が一定以上まとまると、団体申込ができ、自分の学校や企業内で受検できる制度があります。団体申込を扱っているかどうかは、先生や人事関係の担当者にご確認ください。

家族みんなでチャレンジするまる！

10級 …対象漢字数 80字
漢字の読み／漢字の書取／筆順・画数

9級 …対象漢字数 240字
漢字の読み／漢字の書取／筆順・画数

8級 …対象漢字数 440字
漢字の読み／漢字の書取／部首・部首名／筆順・画数／送り仮名／対義語／同じ漢字の読み

7級 …対象漢字数 642字
漢字の読み／漢字の書取／部首・部首名／筆順・画数／送り仮名／対義語／同音異字／三字熟語

6級 …対象漢字数 835字
漢字の読み／漢字の書取／部首・部首名／筆順・画数／送り仮名／対義語・類義語／同音・同訓異字／三字熟語／熟語の構成

5級 …対象漢字数 1026字
漢字の読み／漢字の書取／部首・部首名／筆順・画数／送り仮名／対義語・類義語／同音・同訓異字／誤字訂正／四字熟語／熟語の構成

4級 …対象漢字数 1339字
漢字の読み／漢字の書取／部首・部首名／送り仮名／対義語・類義語／同音・同訓異字／誤字訂正／四字熟語／熟語の構成

3級 …対象漢字数 1623字
漢字の読み／漢字の書取／部首・部首名／送り仮名／対義語・類義語／同音・同訓異字／誤字訂正／四字熟語／熟語の構成

準2級 …対象漢字数 1951字
漢字の読み／漢字の書取／部首・部首名／送り仮名／対義語・類義語／同音・同訓異字／誤字訂正／四字熟語／熟語の構成

2級 …対象漢字数 2136字
漢字の読み／漢字の書取／部首・部首名／送り仮名／対義語・類義語／同音・同訓異字／誤字訂正／四字熟語／熟語の構成

準1級 …対象漢字数 約3000字
漢字の読み／漢字の書取／故事・諺／対義語・類義語／同音・同訓異字／誤字訂正／四字熟語

1級 …対象漢字数 約6000字
漢字の読み／漢字の書取／故事・諺／対義語・類義語／同音・同訓異字／誤字訂正／四字熟語

※ここに示したのは出題分野の一例です。毎回すべての分野から出題されるとは限りません。また、このほかの分野から出題されることもあります。

日本漢字能力検定採点基準　最終改定：平成25年4月1日

1 採点の対象
筆画を正しく、明確に書かれた字を採点の対象とし、くずした字や、乱雑に書かれた字は採点の対象外とする。

2 字種・字体
①2～10級の解答は、内閣告示「常用漢字表」（平成二十二年）による。ただし、旧字体での解答は正答とは認めない。
②1級および準1級の解答には、『漢検要覧 1／準1級対応』（公益財団法人日本漢字能力検定協会発行）に示す「標準字体」「許容字体」「旧字体一覧表」による。

3 読み
①2～10級の解答は、内閣告示「常用漢字表」（平成二十二年）による。
②1級および準1級の解答には、①の規定は適用しない。

4 仮名遣い
仮名遣いは、内閣告示「現代仮名遣い」による。

5 送り仮名
送り仮名は、内閣告示「送り仮名の付け方」による。

6 部首
部首は、『漢検要覧 2～10級対応』（公益財団法人日本漢字能力検定協会発行）収録の「部首一覧表と部首別の常用漢字」による。

7 筆順
筆順の原則は、文部省編『筆順指導の手びき』（昭和三十三年）による。常用漢字一字一字の筆順は、『漢検要覧 2～10級対応』収録の「常用漢字の筆順一覧」による。

8 合格基準

級	満点	合格
1級／準1級／2級	二〇〇点	八〇％程度
準2級／3級／4級／5級／6級／7級	二〇〇点	七〇％程度
8級／9級／10級	一五〇点	八〇％程度

※部首、筆順は『漢検 漢字学習ステップ』など公益財団法人日本漢字能力検定協会発行図書でも参照できます。

日本漢字能力検定審査基準

10級

程度 小学校第1学年の学習漢字を理解し、文や文章の中で使える。

領域・内容

《読むことと書くこと》 小学校学年別漢字配当表の第1学年の学習漢字を読み、書くことができる。

《筆順》 点画の長短、接し方や交わり方、筆順および総画数を理解している。

9級

程度 小学校第2学年までの学習漢字を理解し、文や文章の中で使える。

領域・内容

《読むことと書くこと》 小学校学年別漢字配当表の第2学年までの学習漢字を読み、書くことができる。

《筆順》 点画の長短、接し方や交わり方、筆順および総画数を理解している。

8級

程度 小学校第3学年までの学習漢字を理解し、文や文章の中で使える。

領域・内容

《読むことと書くこと》 小学校学年別漢字配当表の第3学年までの学習漢字を読み、書くことができる。

⦿ 音読みと訓読みとを理解していること

⦿ 送り仮名に注意して正しく書けること（食べる、楽しい、後ろ など）

⦿ 対義語の大体を理解していること（反対、体育、期待、太陽 など）

⦿ 同音異字を理解していること（勝つ―負ける、重い―軽い など）

《筆順》 筆順、総画数を正しく理解している。

《部首》 主な部首を理解している。

7級

程度 小学校第4学年までの学習漢字を理解し、文章の中で正しく使える。

領域・内容

《読むことと書くこと》 小学校学年別漢字配当表の第4学年までの学習漢字を読み、書くことができる。

⦿ 音読みと訓読みとを正しく理解していること

⦿ 送り仮名に注意して正しく書けること（等しい、短い、流れる など）

⦿ 熟語の構成を知っていること

⦿ 対義語の大体を理解していること（入学―卒業、成功―失敗 など）

⦿ 同音異字を理解していること（健康、高校、公共、外交 など）

《筆順》 筆順、総画数を正しく理解している。

《部首》 部首を理解している。

6級

程度 小学校第5学年までの学習漢字を理解し、文章の中で漢字が果たしている役割を知り、正しく使える。

領域・内容

《読むことと書くこと》 小学校学年別漢字配当表の第5学年までの学習漢字を読み、書くことができる。

⦿ 音読みと訓読みとを正しく理解していること

⦿ 送り仮名や仮名遣いに注意して正しく書けること（求める、失う など）

⦿ 熟語の構成を知っていること（上下、絵画、大木、読書、不明 など）

⦿ 対義語、類義語の大体を理解していること（禁止―許可、平等―均等 など）

⦿ 同音・同訓異字を正しく理解していること

《筆順》 筆順、総画数を正しく理解している。

《部首》 部首を理解している。

5級

程度 小学校第6学年までの学習漢字を理解し、文章の中で漢字が果たしている役割に対する知識を身に付け、漢字を文章の中で適切に使える。

領域・内容

《読むことと書くこと》 小学校学年別漢字配当表の第6学年までの学習漢字を読み、書くことができる。

⦿ 音読みと訓読みとを正しく理解していること

⦿ 送り仮名や仮名遣いに注意して正しく書けること

⦿ 熟語の構成を知っていること

⦿ 対義語、類義語、同音・同訓異字を正しく理解していること

《四字熟語》 四字熟語を正しく理解していること（有名無実、郷土芸能 など）。

《筆順》 筆順、総画数を正しく理解している

《部首》 部首を理解し、識別できる。

漢字で遊ぼう！
1週目

わくわく広場 ①

今週は
どんな漢字を
学ぶまる？

おつかいメモ

糖→乳→穀
↑
卵←樹

お母さんにおつかいをたのまれて、
おつかいメモに書いてある順番の通りに、
五つの物を買いに行くよ。同じ道を二回通らないようにして、
家まで帰ってこよう。必ず店のドアの前を通ってね。

糖

蒸

盛

卵

激

熟

樹

穴源紅砂蚕樹泉潮穀熟蒸盛糖乳俵卵宇宙域郷

縦処頂裏危激厳若暖難密幼呼吸遺延沿拡巻

解答は別冊11ページ

乳

密

蚕

危 暖

砂

巻 難

穀 裏 郷

9

砂

9画

音 サ中
訓 すな

読み	
部首	石
部首名	いしへん

砂砂砂
石砂砂
砂砂砂
砂

紅

9画

音 コウ・ク中
訓 べに
くれない中

読み	
部首	糸
部首名	いとへん

紅紅紅
紅紅紅
紅紅紅

源

13画

音 ゲン
訓 みなもと

読み	
部首	氵
部首名	さんずい

源源源
源源源
源源源
源源

穴

5画

音 ケツ中
訓 あな

読み	
部首	穴
部首名	あな

穴穴穴
穴穴

潮

15画

音 チョウ
訓 しお

読み	
部首	氵
部首名	さんずい

潮潮潮
潮潮潮
潮潮潮
潮潮潮

泉

9画

音 セン
訓 いずみ

読み	
部首	水
部首名	みず

泉泉泉
泉泉泉
泉泉泉

樹

16画

音 ジュ

読み	
部首	木
部首名	きへん

樹樹樹
樹樹樹
樹樹樹
樹

蚕

10画

音 サン
訓 かいこ

読み	
部首	虫
部首名	むし

蚕蚕蚕
蚕蚕蚕
蚕蚕蚕
蚕

1週目

1 次の——線の漢字の読みをひらがなで書きなさい。

❶ 川の源にたどり着いた。

❷ ケーキと紅茶を注文する。

❸ ヨットが潮風を受ける。

❹ 砂ぼこりがまっている。

❺ 養蚕がさかんな町だった。

❻ 源泉から湯を引いている。

❼ 美しい樹氷をながめる。

❽ 泉のそばで休けいする。

❾ エアコンの電源を入れる。

❿ 五月雨(さみだれ)や穴のあくほど見る柱

/10

2 次の——線のカタカナを漢字になおしなさい。

❶ 家族とオンセンに行く。

❷ コウハクの組に分かれる。

❸ 魚群がクロシオに乗る。

❹ 石油は大切なシゲンだ。

❺ 料理にベニしょうがを使う。

❻ ジュモクの葉が色づく。

❼ 塩とサ糖(とう)をまちがえる。

❽ カイコを育てて糸をとる。

❾ 魚つりのアナバを見つける。

❿ シオの流れが変わった。

/10

 解答は別冊2ページ

ここにシールをはろう!

食べ物・料理にかかわる漢字（穀熟蒸盛糖乳俵卵）

盛

11画

音 セイ中・ジョウ高
訓 もる中・さかる中・さかん中

読み

部首 皿
部首名 さら

盛盛盛成成成成盛盛盛盛

蒸

13画

音 ジョウ中
訓 むす中・むれる中・むらす中

読み

部首 艹
部首名 くさかんむり

蒸蒸蒸蒸蒸蒸蒸蒸蒸蒸蒸蒸蒸

熟

15画

音 ジュク
訓 うれる中

読み

部首 灬
部首名 れんが／れっか

熟熟熟熟熟熟熟熟熟熟熟熟熟熟熟

穀

14画

音 コク

読み

部首 禾
部首名 のぎへん

穀穀穀穀穀穀穀穀穀穀穀穀穀穀

卵

7画

音 ラン中
訓 たまご

読み

部首 卩
部首名 わりふ／ふしづくり

卵卵卵卵卵卵卵

俵

10画

音 ヒョウ
訓 たわら

読み

部首 イ
部首名 にんべん

俵俵俵俵俵俵俵俵俵俵

乳

8画

音 ニュウ
訓 ちち中・ち中

読み

部首 乚
部首名 おつ

乳乳乳乳乳乳乳乳

糖

16画

音 トウ

読み

部首 米
部首名 こめへん

糖糖糖糖糖糖糖糖糖糖糖糖糖糖糖糖

1週目

1 次の──線の漢字の読みをひらがなで書きなさい。

① 秋に穀物をかり取る。

② 牛の乳しぼりを体験する。

③ 街路樹の下を歩く。

④ リンゴが熟して赤くなる。

⑤ 糖分はひかえ目にする。

⑥ 季節の果物を皿に盛る。

⑦ 朝食にゆで卵が出る。

⑧ しぼりたての牛乳を飲む。

⑨ 汽車が蒸気を上げて走る。

⑩ 横づなが土俵に塩をまく。

/10

2 例のように、漢字の部首名を後の □ の中から選び、記号で答えなさい。

〈例〉 辶 返 （ケ）

① 虫 蚕 （ 　 ）

② 皿 盛 （ 　 ）

③ 穴 穴 （ 　 ）

④ 亻 俵 （ 　 ）

⑤ 艹 蒸 （ 　 ）

⑥ 米 糖 （ 　 ）

⑦ 灬 熟 （ 　 ）

⑧ 氵 潮 （ 　 ）

ア こめへん　　イ いくさかんむり
ウ さんずい　　エ さら
オ あな　　　　カ にんべん
キ むし　　　　ク れんが・れっか
ケ しんにょう・しんにゅう

/8

ここにシールをはろう！

宇

読み	音 ウ
部首	宀
部首名	うかんむり

6画

宇宇宇宇宇宇

宙

読み	音 チュウ
部首	宀
部首名	うかんむり

8画

宙宙宙宙宙宙宙宙

域

読み	音 イキ
部首	土
部首名	つちへん

11画

域域域域域域域域域域域

郷

読み	音 キョウ ゴウ⊕
部首	阝
部首名	おおざと

11画

郷郷郷郷郷郷郷郷郷郷郷

縦

読み	音 ジュウ 訓 たて
部首	糸
部首名	いとへん

16画

縦縦縦縦縦縦縦縦縦縦縦縦

処

読み	音 ショ
部首	几
部首名	つくえ

5画

処処処処処

頂

読み	音 チョウ 訓 いただ（く） いただき
部首	頁
部首名	おおがい

11画

頂頂頂頂頂頂頂頂頂頂頂

裏

読み	音 リ⊕ 訓 うら
部首	衣
部首名	ころも

13画

裏裏裏裏裏裏裏裏裏裏裏裏裏

1週目

1 次の──線の漢字の読みをひらがなで書きなさい。

① この地域にはリスがいる。

② 医学の領域で業績を上げる。

③ アメリカを縦断する旅だ。

④ 富士山（ふじさん）の頂を目指す。

⑤ ごみを適切に処理する。

⑥ 郷土料理を作る。

⑦ 薬を処方する。

⑧ 山の頂上だ。

⑨ いちまるは宇宙から来た。

⑩ 夜もすがら秋風聞くや裏の山

/10

2 漢字の読みには音と訓があります。次の**熟語の読み**は □ の中のどの組み合わせになっていますか。ア〜エの**記号**で答えなさい。

ア 音と音　イ 音と訓
ウ 訓と訓　エ 訓と音

① 格安（かくやす）（　）
② 炭俵（すみだわら）（　）
③ 登頂（とうちょう）（　）
④ 縦笛（たてぶえ）（　）
⑤ 口紅（くちべに）（　）
⑥ 養蚕（ようさん）（　）

/6

解答は別冊2ページ

ここにシールをはろう！

若

⑧画

音 ジャク中・ニャク高
訓 わか（い）
も（しくは）高

読み

部首 艹

部首名 くさかんむり

若若若若若若若若

厳

⑰画

音 ゲン・ゴン高
訓 きび（しい）
おごそ（か）中

読み

部首 ⺍

部首名 つかんむり

厳厳厳厳厳厳厳厳厳厳厳厳厳厳厳厳厳

激

⑯画

音 ゲキ
訓 はげ（しい）

読み

部首 氵

部首名 さんずい

激激激激激激激激激激激激激激激激

危

⑥画

音 キ
訓 あぶ（ない）
あや（うい）中
あや（ふむ）中

読み

部首 㔾

部首名 わりふ
ふしづくり

危危危危危危

幼

⑤画

音 ヨウ
訓 おさな（い）

読み

部首 幺

部首名 よう
いとがしら

幼幼幼幼幼

密

⑪画

音 ミツ

読み

部首 宀

部首名 うかんむり

密密密密密密密密密密密

難

⑱画

音 ナン
訓 むずか（しい）
かた（い）高

読み

部首 隹

部首名 ふるとり

難難難難難難難難難難難難難難難難難難

暖

⑬画

音 ダン
訓 あたた（か）・あたた（かい）
あたた（まる）
あたた（める）

読み

部首 日

部首名 ひへん

暖暖暖暖暖暖暖暖暖暖暖暖暖

1週目

1

次の――線の**漢字の読み**をひらがなで書きなさい。

❶ 綿密に計画を立てる。

❷ がけのそばは危険だ。

❸ 若い落語家がけいこをする。

❹ 激しい運動で息が切れる。

❺ 母の幼少のころの写真だ。

❻ 五月に若葉が芽ぶく。

❼ 暖流と寒流がぶつかる。

❽ 厳しい検査に合格する。

❾ 困難（こん）な問題を解決する。

❿ 梅一輪一輪ほどの暖かさ

/10

2

次の――線の**カタカナを漢字**になおしなさい。

❶ 家がミッシュウしている。

❷ ワカモノがみこしをかつぐ。

❸ 小麦はコクモツだ。

❹ 今回の試験はムズカしい。

❺ トウブンの多い果物だ。

❻ 優勝（ゆうしょう）のカンゲキを忘（わす）れない。

❼ 体育館は土足ゲンキンだ。

❽ オンダンな日が続く。

❾ オサナい妹と出かけた。

❿ アブない橋も一度はわたれ

/10

解答は別冊（べっさつ）2ページ

ここにシールをはろう！

動きにかかわる漢字（呼吸遺延沿拡巻）

延

8画　音エン　訓の（びる）・の（べる）・の（ばす）

読み

部首　廴

部首名　えんにょう

延延延延延延延

遺

15画　音イ　ユイ（中）

読み

部首　辶

部首名　しんにょう　しんにゅう

遺遺遺遺遺遺遺

吸

6画　音キュウ　訓す（う）

読み

部首　口

部首名　くちへん

吸吸吸吸吸

呼

8画　音コ　訓よ（ぶ）

読み

部首　口

部首名　くちへん

呼呼呼呼呼呼

練習しよう！

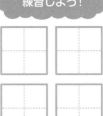

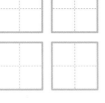

巻

9画　音カン　訓ま（く）・まき

読み

部首　巳

部首名　わりふ　ふしづくり

巻巻巻巻巻巻巻

拡

8画　音カク

読み

部首　扌

部首名　てへん

拡拡拡拡拡拡

沿

8画　音エン　訓そ（う）

読み

部首　氵

部首名　さんずい

沿沿沿沿沿沿沿沿

1週目

1 次の──線の**漢字の読み**を
ひらがなで書きなさい。

① 乱(みだ)れた呼吸を整える。

② 巻き尺(じゃく)で幹の太さを測る。

③ 遠くにいる友達を呼ぶ。

④ きれいな空気を吸う。

⑤ 沿線の店をめぐる。

⑥ 雨で遠足が延期になった。

⑦ 旅行の日程が一日延びた。

⑧ 駅のホームが拡張された。

⑨ 世界遺産に登録された寺だ。

⑩ 川に沿ってゆっくり歩く。

/10

2 次の（ ）に入る漢字を
それぞれの　　　の中から一つ選び、
四字熟語を作りなさい。

① 岸漁業　　　塩沿演延

② 険信号　　　危記機期

③ 宇（ ）飛行　　　中注宙虫

④ 土芸能　　　興強郷鏡

⑤ 規模(きぼ)（ ）大　　　格拡各確

⑥ 産相続　　　易居囲遺

⑦ 応急（ ）置　　　処初所署

⑧ 物倉庫　　　穀告国黒

/8

1 漢字の読みには**音と訓**があります。次の**熟語の読み**は □ の中のどの組み合わせになっていますか。ア〜エの**記号**で答えなさい。

/6

ア 音と音　イ 音と訓
ウ 訓と訓　エ 訓と音

① 起源（　）

② 巻物（　）

③ 味方（　）

④ 節穴（　）

⑤ 拡大（　）

⑥ 夕刊（　）

2 次の —— 線の**カタカナ**を漢字になおしなさい。

/10

① ふみ切り内は**キケン**だ。

② **タテ**と横の長さを測る。

③ 人口**ミツド**の高い都市だ。

④ 文化**イサン**を見に行く。

⑤ 試合が**エンチョウ**する。

⑥ 牛の**チチ**をしぼる。

⑦ 古い新聞を**ショブン**した。

⑧ 虫が花のみつを**ス**う。

⑨ 花火で夏祭りが**モ**り上がる。

⑩ 類は友を**ヨ**ぶ

3 次の語は、上の字が下の字の意味を説明（修飾）しているものです。□の中からあてはまる漢字を選び、熟語を作りなさい。□の中の漢字は一度だけ使い、漢字一字を書きなさい。

/6

① 〇守
② 半〇
③ 〇題
④ 〇流
⑤ 米〇
⑥ 〇虫

熟・難・幼・暖・俵・厳

〇月×日
10000 + 10 =

4 次の──線のカタカナを漢字になおしなさい。

① **チイキ**の住民と交流する。
② 水分が**ジョウハツ**する。
③ 感動が**チョウテン**に達する。
④ **ウチュウ**飛行士を夢見る。
⑤ 月の**ウラガワ**を見たい。
⑥ カエルが**タマゴ**を産んだ。
⑦ 母の**キョウリ**を訪（たず）ねる。
⑧ **イズミ**に手をひたす。
⑨ 海岸の**スナ**で山を作る。
⑩ **カワゾ**いの道を歩く。

/10

ここにシールをはろう！

今週は
どんな漢字を
学ぶまる？

ここは漢字の美術館。
下の本にのっている漢字は
どこにかざってあるのかな？
見つけて○をつけよう。

覧

咠

飲

餝

展

認

届

覧

届

展

認

創

展覧看誤降座済至捨収従除障垂推宣創操存退
担探届秘並閉補訪忘模預臨疑困承専認否欲

解答は別冊11ページ

展　認　暋
届　敂　届
創　覧　伭

23

ここにシールをはろう！

誤

14画

(音)ゴ
(訓)あやま(る)

読み	部首	部首名
	言	ごんべん

誤誤誤誤
誤誤誤誤
誤誤誤誤
誤誤

看

9画

(音)カン

読み	部首	部首名
	目	め

看看看
看看看
看看看

覧

17画

(音)ラン

読み	部首	部首名
	見	みる

覧覧覧覧
覧覧覧覧
覧覧覧覧
覧覧覧覧
覧

展

10画

(音)テン

読み	部首	部首名
	尸	かばね しかばね

展展展
展展展
展展展

至

6画

(音)シ
(訓)いた(る)

読み	部首	部首名
	至	いたる

至至至
至至至

済

11画

(音)サイ
(訓)す(む)
す(ます)

読み	部首	部首名
	氵	さんずい

済済済
済済済
済済済
済済済

座

10画

(音)ザ
(訓)すわ(る)中

読み	部首	部首名
	广	まだれ

座座座
座座座
座座座
座

降

10画

(音)コウ
(訓)お(りる)
お(ろす)・ふ(る)

読み	部首	部首名
	阝	こざとへん

降降降
降降降
降降降
降

2週目

1 次の──線の漢字の読みをひらがなで書きなさい。

① 看護師として病院で働く。

② 駅で電車から降りる。

③ 自分の誤りを認める。

④ 夏の星座を観察する。

⑤ 写生画を展覧会に出品する。

⑥ 至急の用事で帰る。

⑦ 留学して経済学を修めた。

⑧ この石段（いしだん）は神社に至る。

⑨ 夕食までに宿題を済ませた。

⑩ 初雪や今行く里の見えて降る

/10

2 次の漢字の総画数をそれぞれア〜エから選び、記号で答えなさい。

① 蒸（　　）
ア 10　イ 11　ウ 12　エ 13

② 看（　　）
ア 8　イ 9　ウ 10　エ 11

③ 吸（　　）
ア 4　イ 5　ウ 6　エ 7

④ 卵（　　）
ア 7　イ 8　ウ 9　エ 10

⑤ 呼（　　）
ア 7　イ 8　ウ 9　エ 10

⑥ 展（　　）
ア 9　イ 10　ウ 11　エ 12

⑦ 乳（　　）
ア 7　イ 8　ウ 9　エ 10

⑧ 誤（　　）
ア 12　イ 13　ウ 14　エ 15

/8

解答は別冊（べっさつ）3ページ

ここにシールをはろう！

捨

11画

音 シャ
訓 す(てる)

読み

部首 扌 てへん

捨捨捨捨捨捨捨捨捨捨捨

収

4画

音 シュウ
訓 おさ(める) おさ(まる)

読み

部首 又 また

収収収

従

10画

音 ジュウ ショウ高 ジュ高
訓 したが(う) したが(える)

読み

部首 彳 ぎょうにんべん

従従従従従従従従従従

除

10画

音 ジョ・ジ中
訓 のぞ(く)

読み

部首 阝 こざとへん

除除除除除除除除除除

宣

9画

音 セン

読み

部首 宀 うかんむり

宣宣宣宣宣宣宣宣宣

推

11画

音 スイ
訓 お(す)中

読み

部首 扌 てへん

推推推推推推推推推推推

垂

8画

音 スイ
訓 た(れる) た(らす)

読み

部首 土 つち

垂垂垂垂垂垂垂垂

障

14画

音 ショウ
訓 さわ(る)高

読み

部首 阝 こざとへん

障障障障障障障障障障障障障障

1　次の——線の**漢字の読み**を**ひらがな**で書きなさい。

① ごみを分別して捨てる。

② 入場者数を推定する。

③ 大会で好成績を収める。

④ 黒い雲が垂れこめる。

⑤ 車の故障の原因を考える。

⑥ 順路に従って館内を回る。

⑦ 世界中の切手を収集する。

⑧ くつの中の砂を取り除く。

⑨ 駅前で店の宣伝をする。

⑩ うつくしや障子の穴の天の川

2週目

/10

2　次の——線の**カタカナ**を漢字と**送りがな**（**ひらがな**）になおしたとき、正しいものを後の□□の中から選び、**記号**で答えなさい。

① **イタル**ところに花がさく。
　ア 至る　イ 至たる

② いとこはまだ**オサナイ**。
　ア 幼い　イ 幼ない

③ 雨が**ハゲシク**なる。
　ア 激げしく　イ 激しく

④ 道路で遊ぶのは**アブナイ**。
　ア 危ない　イ 危い

⑤ 池につり糸を**タラス**。
　ア 垂す　イ 垂らす

⑥ 品質を**キビシク**管理する。
　ア 厳く　イ 厳しく

/6

解答は別冊4ページ

創

12画

音 ソウ
訓 つくる

読み

部首　刂
部首名　りっとう

創創創創創創創創創創創創

操

16画

音 ソウ
訓 あやつ（る）中　みさお高

読み

部首　扌
部首名　てへん

操操操操操操操操操操操操操操操操

存

6画

音 ソン　ゾン

読み

部首　子
部首名　こ

存存存存存存

退

9画

音 タイ
訓 しりぞ（く）　しりぞ（ける）

読み

部首　辶
部首名　しんにょう　しんにゅう

退退退退退退退退退

秘

10画

音 ヒ
訓 ひ（める）中

読み

部首　禾
部首名　のぎへん

秘秘秘秘秘秘秘秘秘秘

届

8画

訓 とど（ける）　とど（く）

読み

部首　尸
部首名　かばね　しかばね

届届届届届届届届

探

11画

音 タン
訓 さが（す）高　さぐ（る）中

読み

部首　扌
部首名　てへん

探探探探探探探探探探探

担

8画

音 タン
訓 かつ（ぐ）高　にな（う）高

読み

部首　扌
部首名　てへん

担担担担担担担担

2週目

1

次の――線の漢字の**読み**を**ひらがな**で書きなさい。

❶ 雑誌が創刊された。

❷ かぜで学校を早退する。

❸ 参加費用を各自で負担した。

❹ パソコンの操作は得意だ。

❺ カメの世話を担当する。

❻ 昨日は思う存分遊んだ。

❼ 秘境を旅する。

❽ 座席を探す。

❾ 荷物が届く。

❿ いちまるが地球を探検する。

/10

2

次の意味にあてはまる**熟語**を、後の ☐ の中から選びなさい。答えは**記号**で書きなさい。

❶ 新しいものをつくり出すこと。

❷ 物事を何人かでわけて受け持つこと。

❸ 病人などの手当てや世話をすること。

❹ まちがった知らせ。

❺ 不要な物を取りさること。

> ア 分担　イ 誤報　ウ 創作　エ 除去　オ 看護

/5

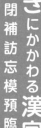

訪

訪訪訪訪訪訪訪訪訪訪訪
訪

11画

読み
（音）ホウ
（訓）たず（ねる）
おとず（れる）㊥

部首
言

部首名
ごんべん

補

補補補補補補補補補補補補
補補

12画

読み
（音）ホ
（訓）おぎな（う）

部首
ネ

部首名
ころもへん

閉

閉閉閉閉閉閉閉閉閉閉閉
閉

11画

読み
（音）ヘイ㊥
（訓）と（じる）・し（める）
しま（る）・と（ざす）㊥

部首
門

部首名
もんがまえ

並

並並並並並並並並
8画

読み
（音）ヘイ㊥
（訓）なみ・なら（べる）
なら（ぶ）
なら（びに）

部首
一

部首名
いち

臨

臨臨臨臨臨臨臨臨臨臨臨臨臨臨臨臨臨臨
18画

読み
（音）リン
（訓）のぞ（む）㊥

部首
臣

部首名
しん

預

預預預預預預預預預預預預預
13画

読み
（音）ヨ
（訓）あず（ける）
あず（かる）

部首
頁

部首名
おおがい

模

模模模模模模模模模模模模模模
14画

読み
（音）ボ モ

部首
木

部首名
きへん

忘

忘忘忘忘忘忘忘
7画

読み
（音）ボウ㊥
（訓）わす（れる）

部首
心

部首名
こころ

1 次の――線の**漢字の読み**をひらがなで書きなさい。

/10

① 全校集会で学年ごとに並ぶ。

② 銀行にお金を預ける。

③ 七時には校門が閉まる。

④ 校庭に美しい並木がある。

⑤ 規模の大きな遊園地だ。

⑥ 日本各地を歴訪する。

⑦ 学校にかさを忘れる。

⑧ こまめに水分を補給する。

⑨ 外国に住むおじを訪ねる。

⑩ 臨時列車に乗車する。

2週目

2 次の（ ）に入る漢字をそれぞれの □ の中から一つ選び、四字熟語を作りなさい。

/8

① （ ）足説明
歩 補 模 保

② 水玉（ ）様
模 毛 目 門

③ 一進一（ ）
退 対 隊 帯

④ 安全（ ）言
泉 線 宣 戦

⑤ 四（ ）五入
者 捨 写 舎

⑥ 理（ ）小説
水 垂 推 成

⑦ 機（ ）応変
林 連 輪 臨

⑧ 家庭（ ）問
報 豊 法 訪

解答は別冊4ページ

ここにシールをはろう！

専

専専専専専専専専専

読み	部首	部首名
音 セン 訓 もっぱ(ら)中	寸	すん

9画

承

承承承承承承承承

読み	部首	部首名
音 ショウ 訓 うけたまわ(る)中	手	て

8画

困

困困困困困

読み	部首	部首名
音 コン 訓 こま(る)	囗	くにがまえ

7画

疑

疑疑疑疑疑疑疑疑疑疑

読み	部首	部首名
音 ギ 訓 うたが(う)	疋	ひき

14画

練習しよう！

欲

欲欲欲欲欲欲欲欲欲欲欲

読み	部首	部首名
音 ヨク 訓 ほ(しい)中 ほっ(する)高	欠	あくび かける

11画

否

否否否否否否否

読み	部首	部首名
音 ヒ 訓 いな高	口	くち

7画

認

認認認認認認認認認認認認認認

読み	部首	部首名
音 ニン中 訓 みと(める)	言	ごんべん

14画

1 次の――線の漢字の読みを ひらがなで書きなさい。

① 人を疑うのはよくない。

② 試合への意欲が高まる。

③ 絵の勉強で名画を模写した。

④ 英文学を専門に研究する。

⑤ 作曲の才能が認められた。

⑥ 自分の仕事に専念する。

⑦ カレーの香りに食欲がわく。

⑧ 難しいことは百も承知だ。

⑨ 国会で法案が否決された。

⑩ 困ったときの神だのみ

/10

2週目

2 次の――線のカタカナを◯の中の 漢字と送りがな（ひらがな）で 書きなさい。

〈例〉 投 ボールをナゲル。（投げる）

① 疑 ウタガイの目を向ける。

② 届 忘れ物をトドケル。

③ 補 欠員をオギナウ。

④ 従 先生の指示にシタガウ。

⑤ 並 台に材料をナラベル。

⑥ 預 家のかぎをアズカル。

/6

解答は別冊4ページ

1

次の——線の**カタカナ**にあてはまる**漢字**を後の　　の中から選び、**記号**で答えなさい。

/6

① 集合して点**コ**を取る。（　）

② リモコンが**コ**障した。（　）

ア 故　イ 呼

③ 無事にテストが**ス**む。（　）

④ 山のふもとに**ス**む。（　）

ア 済　イ 住

⑤ 駅前の**カン**板をつけかえる。（　）

⑥ **カン**末の解説を見る。（　）

ア 看　イ 巻

2

次の——線の**カタカナ**を漢字になおしなさい。

/10

① **ワス**れずに本を返す。（　）

② **タンサ**ロケットを発射（はっしゃ）する。（　）

③ **ヒミツ**を打ち明ける。（　）

④ 親せきの家を**ホウモン**する。（　）

⑤ 議長が開会を**センゲン**する。（　）

⑥ 自分が悪いと**ミト**める。（　）

⑦ **ショクヨク**をそそる香りだ。（　）

⑧ **シキュウ**職員室に行く。（　）

⑨ **オウザ**を決める試合だ。（　）

⑩ 雨**フ**って地固まる（　）

2週目

❸ 次の**熟語の類義語**（意味がよく似た
ことば）をそれぞれア〜ウから選び、
記号で答えなさい。

◯/6

① 貯金
　ア 大金　イ 預金　ウ 予算

② 同意
　ア 同情　イ 意思　ウ 承知

③ 始末
　ア 処分　イ 修理　ウ 作成

④ 感動
　ア 感情　イ 感激　ウ 感想

⑤ 領域
　ア 広場　イ 地理　ウ 分野

⑥ 保管
　ア 保存　イ 容器　ウ 収集

❹ 次の―線の**カタカナ**を漢字に
なおしなさい。

◯/10

① 船の**モケイ**を組み立てる。

② 絵の**テンラン**会に行く。

③ 証言を**ウタガ**う。

④ 花だんの雑草を取り**ノゾ**く。

⑤ **ソウリツ**百周年を祝う。

⑥ 事件の**スイリ**をする。

⑦ 入念に準備**タイソウ**をする。

⑧ 荷物を**トド**ける。

⑨ 読みかけの本を**ト**じる。

⑩ **ス**てる神あれば拾う神あり

10 ここにシールをはろう！

解答は別冊5ページ

今週は
どんな漢字を
学ぶまる？

漢字のパズルにちょうせんだ！
同じ形のパズルのピースを
下から探して、ピースの中の
漢字を書こう。

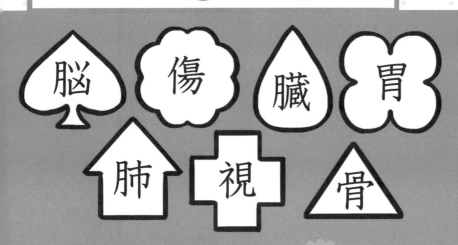

脳　傷　臓　胃

肺　視　骨

尊敬貴孝宗拝我供己私姿衆盟恩純仁誠善忠優
律胃腸胸筋骨視傷舌臓誕痛脳背肺腹亡

解答は別冊12ページ

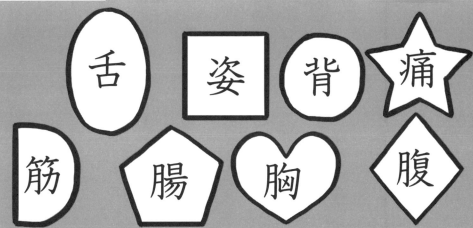

舌　姿　背　痛
筋　腸　胸　腹

貴

12画

音 キ
訓 たっと（い）
とうと（い）
たっと（ぶ）
とうと（ぶ）

読み

貴貴

部首

貝

部首名

かい
こがい

貴貴貴貴貴貴貴貴貴貴

敬

12画

音 ケイ
訓 うやま（う）

読み

敬敬

部首

攵

部首名

のぶん
ぼくづくり

敬敬敬敬敬敬敬敬敬敬

尊

12画

音 ソン
訓 たっと（い）
とうと（い）
たっと（ぶ）
とうと（ぶ）

読み

尊尊

部首

寸

部首名

すん

尊尊尊尊尊尊尊尊尊尊

拝

8画

音 ハイ
訓 おが（む）

読み

部首

扌

部首名

てへん

拝拝拝拝拝拝拝拝

宗

8画

音 シュウ
ソウ申

読み

部首

宀

部首名

うかんむり

宗宗宗宗宗宗宗宗

孝

7画

音 コウ

読み

部首

子

部首名

こ

孝孝孝孝孝孝孝

1 次の——線の漢字の読みをひらがなで書きなさい。

① 私は兄を尊敬している。

② 拝観時間に間に合った。

③ お年寄りを敬う心を持つ。

④ 生き物の命は尊いものだ。

⑤ 宗教や文化について学ぶ。

⑥ 手を合わせて仏像を拝む。

⑦ 貴重な絵巻物が公開された。

⑧ 敬語の使い方を身につける。

⑨ 親に孝行したいと思う。

⑩ 近所の神社を参拝した。

3週目

/10

2 漢字を二字組み合わせた熟語では、二つの漢字の間に意味の上で、次のような関係があります。

ア 反対や対になる意味の字を組み合わせたもの。（例…強弱）

イ 同じような意味の字を組み合わせたもの。（例…進行）

ウ 上の字が下の字の意味を組み合わせ（修飾）しているもの。（例…国旗）

エ 下の字から上の字へ返って読むと意味がよくわかるもの。（例…消火）

次の**熟語**は右のア～エのどれにあたるか、**記号**で答えなさい。

① 可否

② 除草

③ 拝礼

④ 取捨

⑤ 閉店

⑥ 収支

⑦ 順延

⑧ 存在

⑨ 退席

⑩ 密林

/10

解答は別冊5ページ

人・人の集まりにかかわる漢字
（我供己私姿衆盟）

私

7画

読み
音 シ
訓 わたくし
わたし

部首
禾

部首名
のぎへん

私私私私私私私

己

3画

読み
音 コ中
キ中
訓 おのれ中

部首
己

部首名
おのれ

己己己

供

8画

読み
音 キョウ・ク高
訓 そな（える）
とも

部首
イ

部首名
にんべん

供供供供供供供

我

7画

読み
音 ガ中
訓 われ
わ中

部首
戈

部首名
ほこづくり
ほこがまえ

我我我我我我

練習しよう！

盟

13画

読み
音 メイ

部首
皿

部首名
さら

盟盟盟盟盟盟盟盟盟盟盟

衆

12画

読み
音 シュウ
シュ高

部首
血

部首名
ち

衆衆衆衆衆衆衆衆

姿

9画

読み
音 シ
訓 すがた

部首
女

部首名
おんな

姿姿姿姿姿姿姿姿姿

1 次の——線の**漢字の読み**を**ひらがな**で書きなさい。

/10

① 興奮して我を忘れる。

② 野球で観衆が盛り上がる。

③ 墓前にキクの花を供える。

④ 姿勢を正して話を聞く。

⑤ 式典中の私語はつつしむ。

⑥ 自己の生活をふり返る。

⑦ 公衆の面前で演説する。

⑧ 衆議院と参議院がある。

⑨ 商店街の組合に加盟する。

⑩ ふとん着てねたる姿や東山

2 次の漢字の**部首**は〔　〕の中のア・イのどちらですか。正しいものを**一つ**選び、**記号**で答えなさい。

/7

① 我〔ア 戈／イ 、〕

② 認〔ア 心／イ 言〕

③ 従〔ア 彳／イ イ〕

④ 盟〔ア 皿／イ 日〕

⑤ 宗〔ア 宀／イ 示〕

⑥ 欲〔ア 口／イ 欠〕

⑦ 預〔ア 頁／イ ハ〕

解答は別冊5ページ

道徳・心にかかわる漢字
（恩純仁誠善忠優律）

誠

13画

音 セイ
訓 まこと 申

読み

部首
言

部首名
ごんべん

誠誠誠誠誠誠誠誠誠誠誠誠誠

仁

4画

音 ジン
ニ 申

読み

部首
イ

部首名
にんべん

仁仁仁仁

純

10画

音 ジュン

読み

部首
糸

部首名
いとへん

純純純純純純純純純純

恩

10画

音 オン

読み

部首
心

部首名
こころ

恩恩恩恩恩恩恩恩恩恩

律

9画

音 リツ
リチ 高

読み

部首
彳

部首名
ぎょうにんべん

律律律律律律律律律

優

17画

音 ユウ
訓 やさ（しい）申
すぐ（れる）申

読み

部首
イ

部首名
にんべん

優優優優優優優優優優優優優優優優優

忠

8画

音 チュウ

読み

部首
心

部首名
こころ

忠忠忠忠忠忠忠忠

善

12画

音 ゼン
訓 よ（い）

読み

部首
口

部首名
くち

善善善善善善善善善善善善

1 次の──線の漢字の読みをひらがなで書きなさい。

① 純白のドレスを着る。

② 全員が規律を守る。

③ 将来（しょうらい）は声優になりたい。

④ テニスの大会で優勝する。

⑤ いつも善い行いをする。

⑥ 家臣が大名に忠誠をちかう。

⑦ 生活の改善を考える。

⑧ 兄は誠実で人に好かれる。

⑨ 仁義を重んじて行動する。

⑩ 恩をあだで返す。

／10

2 次の熟語が**対義語**（意味が反対や対になることば）と**類義語**（意味がよく似たことば）の関係になるように、（　）にあてはまる**漢字**を左の □ の中から選び、**一字だけ**書きなさい。

【対義語】

① 定例─（　）時　常 臨 当

② 複雑─単（　）　純 泉 巻

③ 応答─質（　）　量 疑 素

④ 公立─（　）立　自 他 私

⑤ 水平─（　）直　日 垂 実

【類義語】

⑥ 役者─俳（　）　優 友 有

⑦ 重荷─負（　）　担 号 数

⑧ 助言─（　）告　宙 宣 忠

⑨ 最良─最（　）　然 全 善

⑩ 真心─（　）意　誠 清 純

／10

解答は別冊6ページ

ここにシールをはろう！

筋

12画

音 キン
訓 すじ

読み

部首 竹
部首名 たけかんむり

胸

10画

音 キョウ
訓 むね・むな中

読み

部首 月
部首名 にくづき

腸

13画

音 チョウ

読み

部首 月
部首名 にくづき

胃

9画

音 イ

読み

部首 肉
部首名 にく

舌

6画

音 ゼツ中
訓 した

読み

部首 舌
部首名 した

傷

13画

音 ショウ
訓 きず・いた（む）中・いた（める）中

読み

部首 イ
部首名 にんべん

視

11画

音 シ

読み

部首 見
部首名 みる

骨

10画

音 コツ
訓 ほね

読み

部首 骨
部首名 ほね

44

3週目

1 次の――線の**漢字の読み**をひらがなで書きなさい。

① 胸を張って行進する。

② 筋力トレーニングをする。

③ 選手が負傷してしまった。

④ 魚の骨を取り除く。

⑤ 筋道を立てて説明する。

⑥ 食べすぎで胃腸が痛い。

⑦ 海外進出を視野に入れる。

⑧ 足の骨折がやっと治った。

⑨ ひざにすり傷ができた。

⑩ 料理に舌つづみを打つ。

/10

2 漢字の読みには**音**と**訓**があります。次の**熟語の読み**は □ の中のどの組み合わせになっていますか。ア〜エの**記号**で答えなさい。

ア 音と音　イ 音と訓
ウ 訓と訓　エ 訓と音

① 宗教

② 姿勢

③ 並木

④ 胸囲

⑤ 裏地

⑥ 法律

⑦ 茶柱

⑧ 舌先

⑨ 同盟

⑩ 古傷

/10

解答は別冊6ページ

ここにシールをはろう！

脳

11画

音 ノウ

読み

部首 月

部首名 にくづき

脳脳脳脳脳脳脳脳脳脳脳脳
脳

痛

12画

音 ツウ
訓 いた（い・いたむ）　いた（める）

読み

部首 疒

部首名 やまいだれ

痛痛痛痛痛痛痛痛痛痛痛痛
痛

誕

15画

音 タン

読み

部首 言

部首名 ごんべん

誕誕誕誕誕誕誕誕誕誕誕誕誕誕誕

臓

19画

音 ゾウ

読み

部首 月

部首名 にくづき

臓臓臓臓臓臓臓臓臓臓臓臓臓臓臓臓臓臓臓

亡

3画

音 ボウ　モウ高
訓 な（い）高

読み

部首 亠

部首名 なべぶた　けいさんかんむり

亡亡亡

腹

13画

音 フク
訓 はら

読み

部首 月

部首名 にくづき

腹腹腹腹腹腹腹腹腹腹腹腹腹

肺

9画

音 ハイ

読み

部首 月

部首名 にくづき

肺肺肺肺肺肺肺肺肺

背

9画

音 ハイ
訓 せ・せい　そむ（く）田　そむ（ける）田

読み

部首 肉

部首名 にく

背背背背背背背背背

1 次の──線の漢字の読みをひらがなで書きなさい。

① 理科で心臓の働きを学ぶ。

② 紅葉を背景に湖の絵をかく。

③ 戦争で多くの人が死亡した。

④ すぐれた頭脳の持ち主だ。

⑤ 臓器移植をする。

⑥ 肺で呼吸する。

⑦ 痛快な映画（えいが）だ。

⑧ 背中をかく。

⑨ いちまるの誕生日を祝う。

⑩ 口あけて腹の底まで初笑い

／10

2 次の漢字の部首と部首名を後の □ の中から選び、記号で答えなさい。

〈例〉返〔う〕（ク）部首　部首名

① 困　部首　部首名
② 仁
③ 痛
④ 誕　部首　部首名
⑤ 忘

あ 心　い 口　う 辶　え 言　お 竹
か 阝　き 亻　く 月　け 疒　こ 木

ア ごんべん　イ にんべん
ウ たけかんむり　エ くにがまえ
オ やまいだれ　カ にくづき　キ こころ
ク しんにょう・しんにゅう
ケ ぎょうにんべん　コ き

／10

3週目

ここにシールをはろう！

1

後の □ の中から漢字を選んで、次の意味にあてはまる**熟語**を作りなさい。

答えは**記号**で書きなさい。

〈例〉本をよむこと。（読書）（シ・サ）

① 一つのことに集中すること。　（　・　）

② 真心で相手に注意すること。　（　・　）

③ 目に見えるはんい。　（　・　）

④ 世話になった先生。　（　・　）

⑤ 集団の中での行いのきまり。　（　・　）

ア 視	イ 恩	ウ 律	エ 専
オ 忠	カ 界	キ 念	ク 規
ケ 告	コ 師	サ 書	シ 読

/5

2

次の――線の**カタカナ**を漢字になおしなさい。

① **キチョウ**な体験をする。

② 水泳で**ジコ**新記録を出す。

③ 俳**ユウ**を目指している。

④ **セスジ**がこおりつく。

⑤ 山頂で初日の出を**オガ**む。

⑥ 仏前に果物を**ソナ**える。

⑦ **ソンケイ**できる人だ。

⑧ 医師に**クツウ**をうったえた。

⑨ 牧場で牛が**タンジョウ**した。

⑩ **ハラ**ハ分に医者いらず

/10

3週目

3

次の——線のカタカナにあてはまる漢字を後の　　の中から選び、**記号**で答えなさい。

□/6

① 親**コウ**行な少年だ。

② 気温が**コウ**下する。

　ア 降　イ 孝

③ 事故で死**ボウ**者が出た。

④ 志**ボウ**校を決める。

　ア 亡　イ 望

⑤ 昔の遊びを伝**ショウ**する。

⑥ 転んで負**ショウ**した。

　ア 承　イ 傷

4

次の——線のカタカナを漢字になおしなさい。

□/10

① **タンジュン**な構造の機械だ。

② 鏡に**スガタ**を映す。

③ 多くの国が**カメイ**する。

④ **ノウ**の検査を受けた。

⑤ **ワタクシ**の兄は大学生です。

⑥ 空気が**ハイ**へ送られる。

⑦ **コンナン**を乗りこえる。

⑧ はっと**ワレ**に返った。

⑨ 無事に**タイイン**した。

⑩ **ホネ**をじょうぶに保つ。

ここにシールをはろう！

解答は別冊6、7ページ



今週はどんな漢字を学ぶまる？

焼きたてのクッキーが、ネズミにかじられてしまった！かじられる前はどんな漢字が書いてあったのかな？お皿から同じ漢字が書かれたクッキーを探して、○をつけよう。

絹　春　染　論

著　縮　幕　針　警　鋼
奏　詞　刻　暮　就　権
　　染　装　洗　棒　劇
　　　　絹　論　株

簡机券鋼磁銭宝棒詞誌著俳訳朗論映劇奏幕刻
晩暮翌干絹縮針洗染装株勤警権憲裁就署

解答は別冊12ページ

もの・道具にかかわる漢字（簡机券鋼磁銭宝棒）

鋼

16画	音コウ 訓はがね中
読み	
部首	金
部首名	かねへん

鋼鋼鋼鋼鋼鋼鋼鋼鋼鋼鋼鋼鋼

券

8画	音ケン
読み	
部首	刀
部首名	かたな

券券券券券券券券

机

6画	音キ中 訓つくえ
読み	
部首	木
部首名	きへん

机机机机机机

簡

18画	音カン
読み	
部首	⺮
部首名	たけかんむり

簡簡簡簡簡簡簡簡簡簡簡

棒

12画	音ボウ
読み	
部首	木
部首名	きへん

棒棒棒棒棒棒棒棒棒棒棒棒

宝

8画	音ホウ 訓たから
読み	
部首	宀
部首名	うかんむり

宝宝宝宝宝宝宝宝

銭

14画	音セン 訓ぜに中
読み	
部首	金
部首名	かねへん

銭銭銭銭銭銭銭銭銭銭銭銭銭銭

磁

14画	音ジ
読み	
部首	石
部首名	いしへん

磁磁磁磁磁磁磁磁磁磁磁磁磁磁

1 次の——線の漢字の読みをひらがなで書きなさい。

① ダイヤモンドは宝石だ。

② 磁力の働きを学習する。

③ 鋼鉄を加工して売る。

④ いちまるが宝を探している。

⑤ 簡潔な文章だ。

⑥ 定期券を買う。

⑦ 木の棒を拾う。

⑧ 教室の後ろに机を運ぶ。

⑨ 京都で国宝の仏像を見る。

⑩ 一銭を笑う者は一銭に泣く

/10

2 次の——線のカタカナを漢字になおしなさい。

① **イチョウ**の調子を整える。

② 任務を**チュウジツ**に果たす。

③ 受けた**オン**を忘れない。

④ **カンシュウ**の心をつかむ。

⑤ 親指の**キズ**が治った。

⑥ **ジシャク**で砂鉄を集める。

⑦ きりのため**シカイ**が悪い。

⑧ 屋根を**ホキョウ**した。

⑨ 身長と**キョウイ**を測る。

⑩ **ゼン**は急げ

/10

4週目

解答は別冊7ページ

ここにシールをはろう！

俳

10画　音ハイ

読み

部首　イ
部首名　にんべん

俳俳俳俳俳俳俳俳俳俳

著

11画　音チョ　訓あらわ(す)申　いちじる(しい)申

読み

部首　艹
部首名　くさかんむり

著著著著著著著著著著著

誌

14画　音シ

読み

部首　言
部首名　ごんべん

誌誌誌誌誌誌誌誌誌誌誌誌誌誌

詞

12画　音シ

読み

部首　言
部首名　ごんべん

詞詞詞詞詞詞詞詞詞詞詞詞

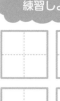

練習しよう!

論

15画　音ロン

読み

部首　言
部首名　ごんべん

論論論論論論論論論論論論論論論

朗

10画　音ロウ　訓ほが(らか)申

読み

部首　月
部首名　つき

朗朗朗朗朗朗朗朗朗朗

訳

11画　音ヤク　訓わけ

読み

部首　言
部首名　ごんべん

訳訳訳訳訳訳訳訳訳訳訳

学習した日　月　日

1 次の——線の**漢字の読み**をひらがなで書きなさい。

① 授業で作詞の体験をする。

② 祖母の俳句が新聞にのった。

③ 会場で議論がかわされた。

④ 一人ずつ詩を朗読する。

⑤ 日本語を英語に訳す。

⑥ 著名な作家が書いた本だ。

⑦ 中国語の通訳をする。

⑧ 小説の著者に会った。

⑨ 子ども向けの雑誌を読む。

⑩ 象の鼻が長い訳を聞く。

/10

4週目

2 次の漢字の**太い画**のところは筆順の何番目か、算用数字（1、2、3…）で答えなさい。

⑤ 純

④ 簡

③ 胃

② 詞

① 脳

⑩ 俳

⑨ 宝

⑧ 腸

⑦ 銭

⑥ 券

/10

55

ここにシールをはろう！

幕

13画

読み 音 マク・バク

部首 巾

部首名 はば

幕幕幕幕幕幕幕幕幕幕幕幕幕

奏

9画

読み 音 ソウ ／ 訓 かなでる 高

部首 大

部首名 だい

奏奏奏奏奏奏奏奏奏

劇

15画

読み 音 ゲキ

部首 刂

部首名 りっとう

劇劇劇劇劇劇劇劇劇劇劇劇劇劇劇

映

9画

読み 音 エイ ／ 訓 うつ（る・うつ）す・は（える）中

部首 日

部首名 ひへん

映映映映映映映映映

翌

11画

読み 音 ヨク

部首 羽

部首名 はね

翌翌翌翌翌翌翌翌翌翌翌

暮

14画

読み 音 ボ 中 ／ 訓 く（れる）・く（らす）

部首 日

部首名 ひ

暮暮暮暮暮暮暮暮暮暮暮暮暮暮

晩

12画

読み 音 バン

部首 日

部首名 ひへん

晩晩晩晩晩晩晩晩晩晩晩晩

刻

8画

読み 音 コク ／ 訓 きざ（む）

部首 刂

部首名 りっとう

刻刻刻刻刻刻刻刻

1 次の —— 線の**漢字の読み**を ひらがなで書きなさい。

① テレビで美しい映像を見た。

② 百年の時を刻む時計だ。

③ 悲劇の主人公を演じる。

④ 音楽会は定刻に始まった。

⑤ スクリーンに映画が映る。

⑥ 全員で笛の演奏をする。

⑦ サーカスが開幕した。

⑧ 晩秋の寒さにふるえる。

⑨ 運動会の翌日は休みだ。

⑩ 青空に指で字を書く秋の暮れ

/10

4週目

2 漢字を二字組み合わせた熟語では、二つの漢字の間に意味の上で、次のような関係があります。

ア 反対や対になる意味の字を組み合わせたもの。
（例…強弱）

イ 同じような意味の字を組み合わせたもの。
（例…進行）

ウ 上の字が下の字の意味を組み合わせ（修飾）しているもの。
（例…国旗）

エ 下の字から上の字へ返って読むと意味がよくわかるもの。
（例…消火）

次の**熟語**は右のア〜エのどれにあたるか、記号で答えなさい。

① 観劇

② 歌詞

③ 朝晩

④ 閉幕

⑤ 立腹

⑥ 翌週

⑦ 映写

⑧ 往復

⑨ 死亡

⑩ 胸中

/10

ここにシールをはろう！

解答は別冊7ページ

針

10画

読み
音 シン
訓 はり

部首 金
部首名 かねへん

針針針針針針針針針針

縮

17画

読み
音 シュク
訓 ちぢ(む)・ちぢ(まる)
ちぢ(める)・ちぢ(れる)
ちぢ(らす)

部首 糸
部首名 いとへん

縮縮縮縮縮縮縮縮縮縮縮縮縮縮縮縮縮

絹

13画

読み
音 ケン高
訓 きぬ

部首 糸
部首名 いとへん

絹絹絹絹絹絹絹絹絹絹絹絹絹

干

3画

読み
音 カン
訓 ほ(す)
ひ(る)中

部首 干
部首名 かん
いちじゅう

干干干

練習しよう！

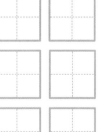

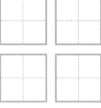

装

12画

読み
音 ソウ中
ショウ中
訓 よそお(う)高

部首 衣
部首名 ころも

装装装装装装装装装装装装

染

9画

読み
音 セン中
訓 そ(める)・そ(まる)
し(みる)高
し(み)高

部首 木
部首名 き

染染染染染染染染染

洗

9画

読み
音 セン
訓 あら(う)

部首 氵
部首名 さんずい

洗洗洗洗洗洗洗洗洗

1 次の——線の**漢字の読み**を
ひらがなで書きなさい。

① 晴れた日にふとんを干す。

② よごれたタオルを洗う。

③ 服装を整えて外出した。

④ 絹は蚕のまゆからとる。

⑤ 国の新しい方針を聞く。

⑥ 装置のしくみを知る。

⑦ 布をきれいな色に染める。

⑧ 図形の大きさを縮小する。

⑨ 洗たくしたシャツが縮む。

⑩ 秋の夜や旅の男の針しごと

　／10

4週目

2 次の——線の**カタカナ**の部分を
漢字一字と送りがな（ひらがな）に
なおしなさい。

〈例〉クラブのきまりを**サダメル**。（定める）

① あっという間に日が**クレル**。

② 約束をうっかり**ワスレル**。

③ 落とし物をして**コマル**。

④ 足首がずきずき**イタム**。

⑤ 先行走者との差が**チヂマル**。

⑥ 目上の人を**ウヤマウ**。

　／6

解答は別冊8ページ

ここに
シールを
はろう！

くらし・仕事にかかわる漢字（株勤警権憲裁就署）

権
15画　音ケン／ゴン高
読み
部首　木
部首名　きへん

警
19画　音ケイ
読み
部首　言
部首名　げん

勤
12画　音キン・ゴン高　訓つと(める)／つと(まる)
読み
部首　力
部首名　ちから

株
10画　訓かぶ
読み
部首　木
部首名　きへん

署
13画　音ショ
読み
部首　四
部首名　あみがしら／あみめ／よこめ

就
12画　音シュウ・ジュ高　訓つく中／つ(ける)中
読み
部首　尢
部首名　だいのまげあし

裁
12画　音サイ　訓さば(く)中／た(つ)中
読み
部首　衣
部首名　ころも

憲
16画　音ケン
読み
部首　心
部首名　こころ

1 次の――線の**漢字の読み**を**ひらがな**で書きなさい。

① 株分けした花がさいた。

② 父は県庁(けんちょう)に勤めている。

③ 姉は洋裁が上手だ。

④ 就任のあいさつを聞く。

⑤ 毎朝九時に出勤する。

⑥ 警官に道をたずねた。

⑦ 日本の憲法について学ぶ。

⑧ 法の定めにより罪を裁く。

⑨ 権利と義務について考える。

⑩ 学生が署名運動をする。

／10

2 次の**カタカナ**を**漢字**になおし、一字だけ書きなさい。

① キン務時間

② 玉石コン交

③ 方位ジ針

④ 大器バン成

⑤ 暴風ケイ報

⑥ 明ロウ快活

⑦ 情報提キョウ

⑧ 賛否両ロン

⑨ シュウ職活動

⑩ カブ式会社

／10

4週目

解答は別冊(べっさつ)8ページ

ここにシールをはろう！

1

次の——線の**カタカナ**を漢字になおしなさい。

/8

① リモコンを**ソウ**作する。

② 店員が商品を包**ソウ**する。

③ 全身を鏡に**ウツ**す。

④ 植木ばちを庭に**ウツ**す。

⑤ 人口が**ゾウ**加している。

⑥ 心**ゾウ**がドキドキする。

⑦ ビルの**コウ**造を考える。

⑧ **コウ**鉄で船を造る。

2

次の——線の**カタカナ**を漢字になおしなさい。

/10

① **ツクエ**の上をそうじする。

② 理由を**カンケツ**に話す。

③ 今日は**ケンポウ**記念日だ。

④ 有名な詩を**ロウドク**する。

⑤ ごみ問題を**ギロン**する。

⑥ 母は**ザッシ**の編集者だ。

⑦ 職員が会場を**ケイビ**する。

⑧ 兄の**シュウショク**を祝う。

⑨ 遠足が**ヨクシュウ**に延びた。

⑩ 犬も歩けば**ボウ**に当たる

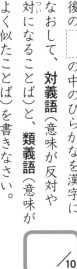

❸ 後の □ の中のひらがなを漢字になおして、**対義語**（意味が反対や対になることば）と、**類義語**（意味がよく似たことば）を書きなさい。

□ の中のひらがなは**一度だけ**使い、**漢字一字**を書きなさい。

対義語	
❶	快楽─苦（　）
❷	尊重─無（　）意
❸	悪意─（　）意
❹	延長─短（　）
❺	死亡─（　）生

類義語	
❻	刊行─出（　）
❼	時間─時（　）
❽	作者─（　）者
❾	後方─（　）後
❿	加入─加（　）

┌──────────────────┐
│ こく・し・しゅく・ぜん・たん・
│ ちょ・つう・はい・ぱん・めい
└──────────────────┘

❹ 次の ── 線の**カタカナ**を漢字になおしなさい。

❶ 松の切り**カブ**にすわる。

❷ せりふを日本語に**ヤク**す。

❸ **マイバン**、歯をみがく。

❹ たくさんのシャツを**ホ**す。

❺ 争いごとを**サバ**く。

❻ お気に入りの服を**アラ**う。

❼ 山が夕日に**ソ**まる。

❽ **キヌイト**のように細い。

❾ 縦笛の**ガッソウ**をする。

❿ 日**ク**れて道遠し

□/10

□/10

ここにシールをはろう！

🌱 解答は別冊8ページ

□の中にカタカナを書いてね。

宅 冊 蔵 枚 尺
↓ ↓ ↓ ↓ ↓

策 割 片 革 奮
↓ ↓ ↓ ↓ ↓

漢字で遊ぼう！
5週目

わくわく広場 5

今週は
どんな漢字を
学ぶまる？

漢字を使った暗号が書かれた紙があるよ。
左の「コード表」の通りに、漢字をカタカナに置きかえよう。
宝物はどこにあるのかな？

64

コード表

枚→ナ	冊→ラ	班→ネ	寸→テ	蔵→ア	庁→キ
系→レ	割→コ	乱→オ	奮→カ	宅→ホ	閣→サ
革→ナ	派→イ	片→ノ	層→リ	尺→ノ	策→ハ

庁賃党納郵閣窓蔵宅異割系派班批揮策射将敵

討奮乱冊尺諸寸層段値片枚灰革后皇聖陛

解答は別冊13ページ

納

10画

読み
音 ノウ・ナッ甲・トウ甲 ナ高・ナン高
訓 おさ(める) おさ(まる)

部首 糸

部首名 いとへん

納納納納糸納納納納納

党

10画

読み
音 トウ

部首 儿

部首名 ひとあし にんにょう

党党党党党党党党党党

賃

13画

読み
音 チン

部首 貝

部首名 かい こがい

賃賃賃賃賃賃賃賃

庁

5画

読み
音 チョウ

部首 广

部首名 まだれ

庁庁庁庁庁

練習しよう！

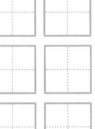

窓

11画

読み
音 ソウ
訓 まど

部首 穴

部首名 あなかんむり

窓窓窓窓窓窓窓窓窓窓

閣

14画

読み
音 カク

部首 門

部首名 もんがまえ

閣閣閣閣閣閣閣閣閣閣

郵

11画

読み
音 ユウ

部首 阝

部首名 おおざと

郵郵郵郵郵郵郵

1 次の――線の**漢字の読み**を
ひらがなで書きなさい。

／10

① 官庁を訪問する。

② はがきに郵便番号を書く。

③ クラブの会費を納める。

④ 往復の運賃を計算する。

⑤ 車窓から外をながめる。

⑥ 城の天守閣を見に行く。

⑦ 党首同士が議論する。

⑧ 神社仏閣が数多くある。

⑨ 県の庁舎で手続きをする。

⑩ 青づるの窓へ顔出す暑さかな

5週目

2 次の漢字の**部首と部首名**を
後の　　の中から選び、
記号で答えなさい。

〈例〉 返〔う〕（ク）
　　　　　部首　　部首名

① 賃 〔　　〕（　　）
　　　　部首　　部首名

② 郵 〔　　〕（　　）
　　　　部首　　部首名

③ 党 〔　　〕（　　）

④ 署 〔　　〕（　　）
　　　　部首　　部首名

⑤ 庁 〔　　〕（　　）
　　　　部首　　部首名

／10

あ 木　い リ　う 阝　え 广　お 門
か 罒　き 阝　く 儿　け 貝　こ イ

ア あみがしら・あみめ・よこめ
イ かい・こがい　ウ おおざと　エ き
オ ひとあし・にんにょう　カ りっとう
キ まだれ　ク しんにょう・しんにゅう
ケ もんがまえ　コ にんべん

解答は別冊9ページ

割

12画

音 カツ申
訓 わる・わり わ（れる）・さ（く）申

割割割割割割割割割割割割

読み

部首　刂

部首名　りっとう

異

11画

音 イ
訓 こと

異異異異異異異異異異異異

読み

部首　田

部首名　た

宅

6画

音 タク

宅宅宅宅宅宅

読み

部首　宀

部首名　うかんむり

蔵

15画

音 ゾウ
訓 くら申

蔵蔵蔵蔵蔵蔵蔵蔵蔵蔵蔵蔵蔵

読み

部首　艹

部首名　くさかんむり

批

7画

音 ヒ

批批批批批批批

読み

部首　扌

部首名　てへん

班

10画

音 ハン

班班班班班班班班班班

読み

部首　王

部首名　おうへん たまへん

派

9画

音 ハ

派派派派派派派派派

読み

部首　氵

部首名　さんずい

系

7画

音 ケイ

系系系系系系系

読み

部首　糸

部首名　いと

1 次の——線の**漢字の読み**を**ひらがな**で書きなさい。

❶ 肉と魚を冷蔵する。

❷ 空き地に立派な家が建つ。

❸ 絵の批評をしてもらう。

❹ 帰宅したら必ず手を洗う。

❺ 国によって習慣が異なる。

❻ 湖の氷が割れていた。

❼ 色を系統で分類する。

❽ 班長を先頭にして登校する。

❾ 運動会当日の役割を決めた。

❿ 道ばたに地蔵が立っている。

／10

2 後の　　　の中から漢字を選んで、次の意味にあてはまる**熟語**を作りなさい。

答えは**記号**で書きなさい。

〈例〉本をよむこと。（読書）（シ・サ）

❶ 物事の善悪を考えて述べること。

❷ はなやかで目立つこと。

❸ 自分の家に居ること。

❹ 大切にしまっておくこと。

❺ 大きなもよおしが始まること。

ア 幕　イ 宅　ウ 批　エ 秘
オ 開　カ 派　キ 判　ク 手
ケ 在　コ 蔵　サ 書　シ 読

・
・
・
・
・

／5

将

10画

音 ショウ

読み

部首 寸

部首名 すん

将将将将将将将将

射

10画

音 シャ
訓 い(る)

読み

部首 寸

部首名 すん

射射射射射射射射射射

策

12画

音 サク

読み

部首 竹

部首名 たけかんむり

策策策策策策策策策策策策

揮

12画

音 キ

読み

部首 扌

部首名 てへん

揮揮揮揮揮揮揮揮揮揮揮揮

乱

7画

音 ラン
訓 みだ(れる)
みだ(す)

読み

部首 乚

部首名 おつ

乱乱乱乱乱乱乱

奮

16画

音 フン
訓 ふる(う)

読み

部首 大

部首名 だい

奮奮奮奮奮奮奮奮奮奮奮奮奮奮奮奮

討

10画

音 トウ
訓 う(つ)⊕

読み

部首 言

部首名 ごんべん

討討討討討討討討討討

敵

15画

音 テキ
訓 かたき⊕

読み

部首 攵

部首名 のぶん
ぼくづくり

敵敵敵敵敵敵敵敵敵敵敵敵敵敵敵

1

次の──線の**漢字の読み**をひらがなで書きなさい。

① 実力を発揮する時が来た。

② 強敵を打ち負かす。

③ 海辺の公園を散策する。

④ 光が反射してまぶしい。

⑤ 長時間の討論が終わった。

⑥ 声援（せいえん）が選手を奮起させた。

⑦ 有名な武将のよろいだ。

⑧ 試合を前に心が奮い立つ。

⑨ 的をねらって矢を射る。

⑩ 一糸乱れぬ行列だ。

／10

2

次の──線の**カタカナ**を漢字になおしなさい。

① 先生が合唱の**シキ**をとる。

② 地下に**チョゾウ**庫がある。

③ 災害に備え**タイサク**を練る。

④ **ユウビン**局に行く。

⑤ 和を**ミダ**す行動をつつしむ。

⑥ バスの**ウンチン**を支払（しはら）う。

⑦ 熱戦を見て**コウフン**した。

⑧ 新しい**ナイカク**ができる。

⑨ **ショウライ**の夢を語る。

⑩ 昨日の**テキ**は今日の友

／10

解答は別冊（べっさつ）9ページ

ここにシールをはろう！

冊

冊冊冊冊冊

（画）5

（音）サツ
サク高

読み

部首
冂

部首名
どうがまえ
けいがまえ
まきがまえ

尺

尺尺尺尺

（画）4

（音）シャク

読み

部首
尸

部首名
かばね
しかばね

諸

諸諸諸諸諸
諸諸諸諸諸
諸諸諸諸諸

（画）15

（音）ショ

読み

部首
言

部首名
ごんべん

寸

寸寸寸

（画）3

（音）スン

読み

部首
寸

部首名
すん

練習しよう！

値

値値値値値
値値値値値

（画）10

（音）チ
（訓）ね
あたい中

読み

部首
イ

部首名
にんべん

段

段段段段段
段段段段

（画）9

（音）ダン

読み

部首
殳

部首名
るまた
ほこづくり

層

層層層層層
層層層層

（画）14

（音）ソウ

読み

部首
尸

部首名
かばね
しかばね

1 次の――線の**漢字の読み**を
ひらがなで書きなさい。

/10

① この本には別冊がある。

② 野菜が値上がりした。

③ 高層マンションに住む。

④ 文章を段落で区切る。

⑤ 値段を比べる。

⑥ 諸国をめぐる。

⑦ 古い地層だ。

⑧ いちまるが尺八をふく。

⑨ 地図の縮尺を見る。

⑩ 一寸の虫にも五分のたましい

2 後の ── の中のひらがなを漢字に
なおして、**対義語**（意味が反対や
対になることば）と、**類義語**（意味が
よく似たことば）を書きなさい。
 ── の中のひらがなは**一度だけ**使い、
漢字一字を書きなさい。

/10

[対義語]

① 冷静―興（　）

② 外出―帰（　）

③ 整理―散（　）

④ 友好―（　）対

⑤ 地味―（　）手

[類義語]

⑥ 異議―異（　）

⑦ 未来―（　）来

⑧ 方法―手（　）

⑨ 有名―（　）名

⑩ 直前―（　）前

しょう・すん・たく・だん・ちょ・
てき・は・ふん・らん・ろん

5週目

解答は別冊9ページ

革

9画

音 カク
訓 かわ中

読み

部首 革

部首名 かくのかわ・つくりがわ

革革革革革莒莒莒革

灰

6画

音 カイ中
訓 はい

読み

部首 火

部首名 ひ

灰灰灰灰灰灰

枚

8画

音 マイ

読み

部首 木

部首名 きへん

枚枚枚枚枚枚枚枚

片

4画

音 ヘン中
訓 かた

読み

部首 片

部首名 かた

片片片片

陛

10画

音 ヘイ

読み

部首 阝

部首名 こざとへん

陛陛陛陛陛陛陛陛陛陛

聖

13画

音 セイ

読み

部首 耳

部首名 みみ

聖聖聖聖聖聖聖聖聖聖聖聖聖

皇

9画

音 コウ
オウ

読み

部首 白

部首名 しろ

皇皇皇皇皇皇皇皇皇

后

6画

音 コウ

読み

部首 口

部首名 くち

后后后后后后

74

1 次の——線の漢字の読みをひらがなで書きなさい。

① 片足だけ湯につける。

② 皇后にお会いする。

③ 野球部の主将になった。

④ たき火の後に灰を集める。

⑤ 原寸大の模型を作った。

⑥ 自分の部屋を片づける。

⑦ 聖火ランナーに選ばれた。

⑧ 陛下のお言葉を聞く。

⑨ 改革の方針が決まった。

⑩ 折り紙の枚数を確かめる。

/10

2 次の漢字の**太い画**のところは筆順の何画目か、また**総画数**は何画か、算用数字（1、2、3…）で答えなさい。

〈例〉 定（ 5 ）何画目 〔 8 〕総画数

① 灰（ ）何画目 〔 〕総画数

② 系（ ）〔 〕

③ 陛（ ）〔 〕

④ 冊（ ）〔 〕

⑤ 憲（ ）〔 〕

⑥ 班（ ）何画目 〔 〕総画数

⑦ 革（ ）〔 〕

⑧ 諸（ ）〔 〕

⑨ 皇（ ）〔 〕

⑩ 后（ ）〔 〕

/20

5週目

75

解答は別冊10ページ

ここにシールをはろう！

1 次の**カタカナ**を**漢字**になおし、一字だけ書きなさい。

/10

❶ 油断大テキ

❷ 国民主ケン

❸ 天変地イ

❹ 価チ判断

❺ 自コ主張

❻ 災害対サク

❼ 実力発キ

❽ 直シャ日光

❾ 教育改カク

❿ ショ名運動

2 次の──線の**カタカナ**を**漢字**になおしなさい。

/10

❶ **タクハイ**便でモモが届いた。

❷ 妹は上手に卵を**ワ**る。

❸ 写生画を**ヒヒョウ**する。

❹ **ハン**に分かれて車に乗る。

❺ 本を月に四**サツ**読む。

❻ 駅員に乗車**ケン**を示す。

❼ **マドベ**に花をかざる。

❽ 皿の**マイスウ**を確かめる。

❾ ゴールの**スンゼン**で転ぶ。

❿ **シタ**はわざわいの根

3 次の───線の**カタカナ**を漢字になおしなさい。

/8

① 競技場に**セイ**火がともる。

② 新幹線で帰**セイ**する。

③ 各国の首**ノウ**が集まる。

④ たんすに収**ノウ**する。

⑤ すばらしい演**ソウ**だった。

⑥ 地**ソウ**を観察する。

⑦ 政**トウ**の代表者が質問する。

⑧ 激しい**トウ**論となった。

4 次の───線の**カタカナ**を漢字になおしなさい。

/10

① 船は**テイコク**に出港した。

② **ハイイロ**のコートを着る。

③ らせん状の**カイダン**を登る。

④ **アジアショコク**を訪問する。

⑤ **ハリ**の穴に糸を通す。

⑥ 店でつり**セン**を受け取った。

⑦ 駅まで**カタミチ**十分かかる。

⑧ 地球は太陽**ケイ**にある。

⑨ 祖父が**シャクハチ**をふく。

⑩ 正直は一生の**タカラ**

ここにシールをはろう！

解答は別冊10ページ

【字の書き方】

問題の答えは楷書で大きくはっきり書きなさい。乱雑な字や続け字、また、行書体や草書体のようにくずした字は採点の対象とはしません。

特に漢字の書き取り問題では、答えの文字は教科書体をもとにして、はねるところ、とめるところなどもはっきり書きましょう。また、画数に注意して、一画一画を正しく、明確に書きなさい。

《例》

〇 熱　×熱

〇 言　×言

〇 糸　×糸

【字種・字体について】

(1) 日本漢字能力検定2〜10級においては、「常用漢字表」に示された字種で書きなさい。つまり、表外漢字（常用漢字表にない漢字）を用いると、正答とは認められません。

《例》

〇 交差点　×交叉点　（「叉」が表外漢字）

〇 寂しい　×淋しい　（「淋」が表外漢字）

(2) 日本漢字能力検定2〜10級においては、「常用漢字表」に示された字体で書きなさい。なお、「常用漢字表」に参考として示されている康熙字典体など、旧字体と呼ばれているものを用いると、正答とは認められません。

《例》

〇 真　×眞

〇 飲　×飮

〇 弱　×弱

〇 渉　×渉

〇 迫　×迫

(3) 一部例外として、平成22年告示「常用漢字表」で追加された字種で、許容字体として認められているものや、その筆写文字と印刷文字との差が習慣の相違に基づくとみなせるものは正答と認めます。

《例》

餌　→　餌　と書いても可

遡　→　遡　と書いても可

葛　→　葛　と書いても可

溺　→　溺　と書いても可

箸　→　箸　と書いても可

　　注意

(3)において、どの漢字が当てはまるかなど、一字一字については、当協会発行図書（2級対応のもの）掲載の漢字表で確認してください。

今までの学習の総まとめをしてみましょう。

検定を受けるときに気をつけることを記しました。

これを読んでから、実際の検定のつもりで問題を解いてください。

「テストにチャレンジ！」は、段ごとに右ページから左ページへ続けて見てください。

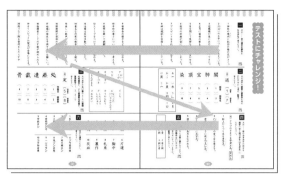

● 5級の検定時間は60分です。
合図があるまで、始めてはいけません。

● 5級の検定の問題用紙と答案用紙は、別になっています。
答えは問題用紙ではなく、答案用紙に書きなさい。

● 答えは、HB・B・2Bのえんぴつまたはシャープペンシルで書きなさい。（ボールペンや万年筆などは使わないこと）

● 答えは、楷書でわく内いっぱいに、大きくはっきり書きなさい。
特に漢字の書き取り問題では、はねるところ・とめるところなど、はっきり書きなさい。行書体や草書体のようにくずした字や、乱雑な字は答えとして認められません。

テストにチャレンジ！

一

次の——線の**漢字の読み**を
ひらがなで書きなさい。

(20)
1×20

1 神社の境内に紅白の梅の花がさく。

2 川沿いの土手につくしが生えている。

3 空模様が急にあやしくなってきた。

4 正月に祖母の家を訪ねた。

5 目を閉じて気持ちを落ち着かせる。

6 旅行の計画が宙にういてしまった。

7 プレゼントをきれいに包装する。

8 姉は通訳を目指して勉強している。

二

次の漢字の**部首**と**部首名**を後の
□の中から選び、記号で
答えなさい。

(10)
1×10

〈例〉 返 〔う〕（ク）
　　　　 部首　 部首名

閣 〔 1 〕（ 2 ）
　　 部首　 部首名

肺 〔 3 〕（ 4 ）

宝 〔 5 〕（ 6 ）

頂 〔 7 〕（ 8 ）

染 〔 9 〕（ 10 ）

```
あ 工   い 木   う え   え 月
お ⻌   か 貝   き 門   く 口
け 頁   こ 宀
```

四

次の——線の**カタカナ**の部分を
漢字一字と送りがな（ひらがな）に
なおしなさい。

(10)
2×5

〈例〉 クラブのきまりを**サダメル**。 定める

1 船上からつり糸を**タラス**。

2 **ハゲシイ**雨の音で目を覚ます。

3 夜景の美しさに我を**ワスレル**。

4 夕食を早めに**スマス**。

5 湖面に**ウツル**月をながめる。

五

漢字の読みには**音と訓**があります。
次の**熟語の読み**は□の中の
どの組み合わせになっていますか。
ア〜エの**記号**で答えなさい。

(20)
2×10

ア 音と音　イ 音と訓
ウ 訓と訓　エ 訓と音

80

9 発表会の様子をビデオに収める。

10 平和の尊さについて改めて考える。

11 説明を聞いて誤解が解けた。

12 ストーブをつけて部屋を暖める。

13 法案は反対多数で否決された。

14 著名な作家の晩年の作品を読む。

15 美しい歌声に心が洗われるようだ。

16 探検隊が密林の中をつき進む。

17 地震(しん)の発生を予測するのは難しい。

18 指揮者としての才能が認められた。

19 オリンピックの聖火が会場にともる。

20 限りなく降る雪何をもたらすや

三 次の漢字の太い画のところは筆順の何画目か、また総画数は何画か、算用数字（1、2、3…）で答えなさい。 (10) 1×10

ア かい こがい　　イ くち

ウ き　　　　　　エ なべぶた けいさんかんむり

オ さんずい　　　カ うかんむり

キ にくづき　　　ク しんにょう しんにゅう

ケ もんがまえ　　コ おおがい

〈例〉 定 〔5〕〔8〕

	何画目	総画数
処	1	2
蒸	3	4
遺	5	6
裁	7	8
骨	9	10

1 温泉

2 窓口

3 本筋

4 除草

5 若気

6 片道

7 胸中

8 札束

9 裏作

10 灰皿

六 次のカタカナを漢字になおし、一字だけ書きなさい。

1 反シャ神経

2 自キュウ自足

3 工業地イキ

4 時間ゲン守

5 学級日シ

6 ゾウ器移植

7 雨天順エン

8 保ゾン状態

9 一心不ラン

10 コク物倉庫

(20) 2×10

81

七

後の□□の中のひらがなを漢字になおして、対義語（意味が反対や対になることば）と、類義語（意味がよくにたことば）を書きなさい。

□の中のひらがなは一度だけ使い、漢字一字を書きなさい。

(20)
2×10

対義語

横長 ― 〈 1 〉長

正面 ― 〈 5 〉面

定例 ― 〈 4 〉時

成熟 ― 〈 3 〉熟

保守 ― 〈 2 〉新

類義語

自分 ― 自〈 6 〉

大木 ― 大〈 7 〉

価格 ― 〈 8 〉段

九

漢字を二字組み合わせた熟語では、二つの漢字の間に意味の上で、次のような関係があります。

(20)
2×10

ア　反対や対になる意味の字を組み合わせたもの。　（例…**強弱**）

イ　同じような意味の字を組み合わせているもの。　（例…**国旗**）

ウ　上の字が下の字の意味を説明（修飾）しているもの。　（例…**進行**）

エ　下の字から上の字へ返って読むと意味がよくわかるもの。　（例…**消火**）

次の**熟語**は右のア～エのどれにあたるか、記号で答えなさい。

1　特権

2　困苦

3　築城

4　別冊

5　難易

6　豊富

7　就任

8　視点

9　公私

10　挙手

十一

次の――線のカタカナを漢字になおしなさい。

(40)
2×20

1　雪原に野うさぎが**スガタ**を現した。

2　夜空を見上げて冬の**セイザ**を探す。

3　**タクハイ**便でりんごを送った。

4　生まれたばかりの子犬が乳を**ス**う。

5　昨夜から歯がずきずき**イタ**む。

6　コップの水を一息に飲み**ホ**した。

7　駅前にカレーの**センモン**店ができた。

8　学級会で意見を**カンケツ**に述べる。

9　後ろから名前を**ヨ**ばれてふり返った。

10　先生の指示に**シタガ**って行動する。

82

九・十の問題

任務―役（　）
9

役者―俳（　）
10

かく・こ・じゅ・たて・ね・はい
み・ゆう・りん・わり

八

後の　　の中から漢字を選んで、次の意味にあてはまる**熟語**を作りなさい。答えは**記号**で書きなさい。

〈例〉本をよむこと。（読書）シサ

(10)
2×5

1 たりないところを付け加えること。

2 生まれ育った土地。

3 くわしく調べ、よいかどうか考えること。

4 人の力では考えられないような不思議。

5 楽器で音楽をかなでること。

ア秘　イ郷　ウ足　エ奏　オ討
カ神　キ検　ク里　ケ補　コ演
サ書　シ読

十

次の――線の**カタカナ**を漢字になおしなさい。

(20)
2×10

1 **ボウ**風のため船は欠航になった。

2 体操の鉄**ボウ**の演技を見る。

3 看護師として病院に**ツト**める。

4 身の回りの整理整とんに**ツト**める。

5 ガードマンが会場の**ケイ**備にあたる。

6 **ケイ**統立ててわかりやすく話す。

7 成人式で市長が祝**ジ**を述べる。

8 方位**ジ**針で北の方角を確かめる。

9 山の中**フク**までバスで登った。

10 東京までの往**フク**乗車券を買う。

11 学芸会の**ゲキ**の主役に選ばれた。

12 目上の人に**ケイゴ**を使って話す。

13 被災地に水や食料品が**トド**く。

14 店の**ハデ**な看板が人の目を引く。

15 米を倉庫に**チョゾウ**する。

16 **オサナ**いころからピアニストを志す。

17 美術館に海外の名画が**ナラ**ぶ。

18 逆転ゴールに観客が**コウフン**した。

19 決勝戦は大いに**モリ**上がった。

20 **ゼン**は急げ

※2018年度第3回検定問題

※実際の検定での用紙の大きさとは異なります。

一 読み (20)
1×20

10	9	8	7	6	5	4	3	2	1

二 部首と部首名（記号） (10)
1×10

10	9	8	7	6	5	4	3	2	1

四 漢字と送りがな（ひらがな） (10)
2×5

5	4	3	2	1

六 四字の熟語（一字） (20)
2×10

10	9	8	7	6	5	4	3	2	1

八 熟語作り（記号） (10)
2×5

5	4	3	2	1

九 熟語の構成（記号） (20)
2×10

8	7	6	5	4	3	2	1

十一 漢字 (40)
2×20

10	9	8	7	6	5	4	3	2	1

20	19	18	17	16	15	14	13	12	11

三 画数（算用数字）⑽ 1×10

10	9	8	7	6	5	4	3	2	1
画	画目	画	画目	画	画目	画	画目	画	画目

五 音と訓（記号）⒇ 2×10

10	9	8	7	6	5	4	3	2	1

七 対義語・類義語（一字）⒇ 2×10

10	9	8	7	6	5	4	3	2	1

十 同じ読みの漢字⒇ 2×10

10	9	8	7	6	5	4	3	2	1

10	9

/200

20	19	18	17	16	15	14	13	12	11

部首一覧表

表の上には部首を画数順に配列し、下には漢字の中で占める位置によって形が変化するものや特別な名称を持つものを示す。

偏（へん）…　旁（つくり）…　冠（かんむり）…　脚（あし）…　垂（たれ）…　繞（にょう）…　構（かまえ）…

一画・二画

番号	部首	名称
1	一	いち
2	丨	ぼう・たてぼう
3	丶	てん
4	ノ	の・はらいぼう
5	乙（乚）	おつ
6	亅	はねぼう
7	二	に
8	亠	なべぶた・けいさんかんむり
9	人（亻・𠆢）	ひと・にんべん・ひとやね
10	入	いる
11	儿	ひとあし・にんにょう

二画

番号	部首	名称
12	八	はち・は
13	冂	まきがまえ・けいがまえ・どうがまえ
14	冖	わかんむり
15	冫	にすい
16	几	つくえ
17	凵	うけばこ
18	刀（刂）	かたな・りっとう
19	力	ちから
20	勹	つつみがまえ
21	匕	ひ
22	匚	はこがまえ
23	匸	かくしがまえ
24	十	じゅう
25	卜	うらない
26	卩	わりふ・ふしづくり

三画

番号	部首	名称
26	巴	わりふ・ふしづくり
27	厂	がんだれ
28	厶	む
29	又	また
30	口	くち
31	口（囗）	くちへん・くにがまえ
32	土	つち・つちへん
33	士	さむらい
34	夂	ふゆがしら・すいにょう
35	夕	た・ゆうべ
36	大	だい
37	女	おんな・おんなへん
38	子	こ・こへん

三画（つづき）

番号	部首	名称
38	子	こ・こへん
39	宀	うかんむり
40	寸	すん
41	小（⺌）	しょう
42	尢	だいのまげあし
43	尸	かばね・しかばね
44	屮	てつ
45	山	やま・やまへん
46	川（巛）	かわ
47	工	たくみ・たくみへん
48	己	おのれ
49	巾	はば・はばへん・きんべん

四画

番号	部首	読み
50	干	かん／いちじゅう
51	幺	よう／いとがしら
52	广	まだれ
53	廴	えんにょう
54	廾	こまぬき／にじゅうあし
55	弋	しきがまえ
56	弓 ゆみ ／ 弓 ゆみへん	
57	彐	けいがしら
58	彡	さんづくり
59	彳	ぎょうにんべん
60	丷	つかんむり
61	心 こころ ／ 忄 りっしんべん ／ 小 したごころ	
62	戈	ほこづくり／ほこがまえ

注：忄→心、氵→水、犭→犬、扌→手、艹→艸、辶→辵、阝(旁)→邑、阝(偏)→阜

番号	部首・読み
63	戸 と ／ 戸 とだれ・とかんむり
64	手 て ／ 扌 てへん
65	支 し
66	攴 のぶん・ぼくづくり
67	文 ぶん
68	斗 とます
69	斤 きん
70	方 ほう ／ 方 ほうへん・かたへん
71	日 ひ ／ 日 ひへん
72	曰 ひらび・いわく
73	月 つき ／ 月 つきへん
74	木 き ／ 木 きへん

番号	部首・読み
75	欠 あくび・かける
76	止 とめる
77	歹 がつへん・いちたへん・かばねへん
78	殳 るまた・ほこづくり
79	毋 なかれ
80	比 くらべる・ならびひ
81	毛 け
82	氏 うじ
83	气 きがまえ
84	水 みず ／ 氵 さんずい ／ 氺 したみず
85	火 ひ ／ 灬 れんが・れっか
86	爪 つめ ／ 爫 つめかんむり・つめがしら
87	父 ちち
88	片 かた

五画

注：王・王→玉、耂→老、礻→示、辶→辵

番号	部首・読み
88	片 かたへん
89	牙 きば
90	牛 うし ／ 牜 うしへん
91	犬 いぬ ／ 犭 けものへん
92	玄 げん
93	玉 たま ／ 王 おう ／ 王 おうへん・たまへん
94	瓦 かわら
95	甘 かん・あまい
96	生 うまれる
97	用 もちいる
98	田 た ／ 田 たへん
99	疋 ひき

六画・七画 部首表

（第一段：99〜112）

No.	部首	読み
112	穴 〔穴〕	あな
111	禾 〔禾〕	禾（のぎへん）／禾（のぎ）
110	示 〔示〕	礻（しめすへん）／示（しめす）
109	石 〔石〕	石（いしへん）／石（いし）
108	歹 〔歹〕	なし／すでのつくり
107	矢 〔矢〕	矢（やへん）／矢（や）
106	矛 〔矛〕	ほこ
105	目 〔目〕	目（めへん）／目（め）
104	皿 〔皿〕	さら
103	皮 〔皮〕	けがわ
102	白 〔白〕	しろ
101	癶 〔癶〕	はつがしら
100	广 〔疒〕	やまいだれ
99	正 〔疋〕	ひきへん

六画（第二段：114〜124／112〜113）

No.	部首	読み
124	耳 〔耳〕	みみ
123	耒 〔耒〕	らいすき／すきへん
122	而 〔而〕	しかして／しこうして
121	耂 〔老〕	おいがしら／おいかんむり
120	羽 〔羽〕	はね
119	羊 〔羊〕	ひつじ
118	罒 〔网〕	あみがしら／あみめ／よこめ
117	缶 〔缶〕	ほとぎ
116	糸 〔糸〕	糸（いとへん）／糸（いと）
115	米 〔米〕	米（こめへん）／米（こめ）
114	竹 〔竹〕	竹（たけかんむり）／竹（たけ）

〔六画〕　ネ → 衣　水 → 氺　罒 → 网

No.	部首	読み
113	立 〔立〕	立（たつへん）／立（たつ）
112	宀 〔穴〕	あなかんむり

（第三段：124〜138）

No.	部首	読み
138	行 〔行〕	行（ぎょうがまえ／ゆきがまえ）／行（ぎょう）
137	血 〔血〕	ち
136	虫 〔虫〕	虫（むしへん）／虫（むし）
135	虍 〔虍〕	とらがしら／とらかんむり
134	艹 〔艸〕	くさかんむり
133	色 〔色〕	いろ
132	艮 〔艮〕	ねづくり／こんづくり
131	舟 〔舟〕	舟（ふねへん）／舟（ふね）
130	舌 〔舌〕	した
129	臼 〔臼〕	うす
128	至 〔至〕	いたる
127	自 〔自〕	みずから
126	月／肉 〔肉〕	月（にくづき）／肉（にく）
125	聿 〔聿〕	ふでづくり
124	耳 〔耳〕	みみへん

七画（第四段：141〜151／139〜140）

No.	部首	読み
151	走 〔走〕	はしる
150	赤 〔赤〕	あか
149	貝 〔貝〕	貝（かいへん）／貝（かいこがい）
148	豸 〔豸〕	むじなへん
147	豕 〔豕〕	ぶた／いのこ
146	豆 〔豆〕	まめ
145	谷 〔谷〕	たに
144	言 〔言〕	言（ごんべん）／言（げん）
143	角 〔角〕	角（つのへん）／角（かく／つの）
142	臣 〔臣〕	しん
141	見 〔見〕	みる

〔七画〕

No.	部首	読み
140	覀／西 〔西〕	覀（おおいかんむり）／西（にし）
139	ネ／衣 〔衣〕	ネ（ころもへん）／衣（ころも）

No.	部首	読み
151	走	そうにょう
152	足 / 足	あし / あしへん
153	身	み
154	車 / 車	くるま / くるまへん
155	辛	からい
156	辰	しんのたつ
157	辶 / 辶	しんにょう / しんにょう / しんにゅう
158	阝	おおざと
159	酉 / 酉	ひよみのとり / とりへん
160	釆 / 采	のごめ / のごめへん
161	里 / 里	さと / さとへん
162	舛	まいあし
163	麦	むぎ

八画

No.	部首	読み
163	麦	ばくにょう
164	金 / 金	かね / かねへん
165	長	ながい
166	門 / 門	もん / もんがまえ
167	阝 / 阜	こざとへん / おか
168	隶	れいづくり
169	隹	ふるとり
170	雫 / 雨	あめかんむり / あめ
171	青	あお
172	非	あらず
173	斉	せい

九画

No.	部首	読み
174	面	めん
175	革	かくのかわ / つくりがわ
175	革	かわへん
176	音	おと
177	頁	おおがい
178	風	かぜ
179	飛	とぶ
180	𩙿 / 食 / 食	しょく / しょくへん / しょくへん
181	首	くび
182	香	か / かおり

十画

No.	部首	読み
183	馬 / 馬	うま / うまへん
184	骨 / 骨	ほね / ほねへん
185	高	たかい
186	髟	かみがしら
187	鬯	ちょう
188	鬼	おに

十一画

No.	部首	読み
188	鬼	きにょう
189	韋	なめしがわ
190	竜	りゅう
191	魚 / 魚	うお / うおへん
192	鳥	とり
193	鹿	しか
194	麻	あさ
195	黄	き
196	黒	くろ
197	亀	かめ

十二画

No.	部首	読み
198	歯 / 歯	は / はへん

十三画

No.	部首	読み
199	鼓	つづみ

十四画

No.	部首	読み
200	鼻	はな

※注 「辶」については「遡・遜」のみに適用。「𩙿」については「餌・餅」のみに適用。

⑩ 学年別漢字配当表

「小学校学習指導要領」（令和2年4月実施〔じっし〕）による。

学年（級）	ア	イ	ウ	エ	オ	カ	キ	ク	ケ	コ	サ
1年〔10級〕	一		右雨	円	王音	下火花貝学	気九休玉金	空	月犬見	五口校	左三山
2年〔9級〕		引	羽雲	園遠		何科夏家歌画	汽記帰弓牛魚京強教近		兄形計元言原	戸古午後語工公広交光考行高黄合谷国黒今	才細作算
3年〔8級〕	悪安暗	医委意育員院	運	泳駅	央横屋温	化荷界開階寒感漢館岸	起期客究急級宮球去橋業曲局銀	区苦具君	係軽血決研県	庫湖向幸港号根	祭皿
4年〔7級〕	愛案	以衣位茨印		英栄媛塩	岡億	加果貨課芽賀改械害街各覚	岐希季旗器機議求泣給漁		径景芸欠結建健験	固功好香候康	佐差菜最埼材崎昨札刷察参産散残
5年〔6級〕	圧	移因	宇	永営衛易益液	応往桜	可仮価河過快我灰拡革閣割	紀基寄規喜技義逆久旧救居	句	型経潔件険限現減	故個護効厚耕航鉱構興講告混	査再災妻採際在財罪殺雑酸賛
6年〔5級〕		胃異遺域		映延沿	恩	株干巻看簡	机揮貴疑吸供胸郷勤筋		系敬警劇激穴券絹権憲源厳	己呼誤后孝皇紅降鋼刻穀骨困	砂座済裁策冊蚕

縦書きの漢字（音読み）一覧表。各見出しのカタカナごとに漢字を示す。右から左へ読む。

シ
子四糸字耳七
止市矢姉思紙
仕死使始指歯
氏司試児治滋
士支史志枝師
至私姿視詞誌

シ（車手十出女小・上森人）
車手十出女小　　上森人
寺自時室社弱　　首秋週書少
詩次事持式実　　受州拾終習集
住重宿所暑助　　舎謝授修術
昭消商章勝乗　　祝順初松笑唱
条状常情織職　　焼照城縄臣信
除承将傷障蒸　　準序招証象賞
　　　　　　　　縮熟純処署諸
植申身神真深
進　針仁

セス
正生青夕石赤
西声星晴切雪
世整昔全
井成省清静席
制性政勢精製
盛聖誠舌宣専

（千川先）
千川先
船線前
選然
積折節説浅戦
税責績接設絶
泉洗染銭善

ス（水）
水
図数
垂推寸

シ（早草足村）
早草足村
組走
相送想息速族
争倉巣束側続
卒孫
祖素総像増
奏窓創装層操
蔵臓存尊
則測属率損

タ（大男）
大男
多太体台
題炭短談
他打対待代第
帯隊達単
貸態団断
退宅担探誕段

チ（竹中虫町）
竹中虫町
地池知茶昼長
着注柱丁帳調
置仲沖兆
築貯張
腸潮賃

テツ（天田）
天田
弟店点電
定庭笛鉄転
低底的典伝
停提程適
敵展
暖　痛

ト（土）
土
刀冬当東答頭
都度投豆島湯
徒努灯働特徳
統堂銅導得毒
討党糖届

ナ（内南）
内南
奈梨
独
難

二（二日入）
二日入
肉
任
乳認

ネ（年）
年
熱念
燃

漢字の読み方・配当漢字一覧（は行〜わ行　ノ）

学年〔級〕（字数）	ワ	ロ	レ	ル	リ	ラ	ヨ	ユ	ヤ	モ	メ	ム	ミ	マ	ホ	ヘ	フ	ヒ	ハ／ノ
1年〔10級〕 学年字数 80字 累計字数 80字		六			立 力 林					目 木	名				本		文	百	白 八
2年〔9級〕 学年字数 160字 累計字数 240字	話				里 理	来	用 曜	友	夜 野	毛 門	明 鳴			米 毎 妹 万	歩 母 方 北		父 風 分 聞		馬 売 買 麦 半 番
3年〔8級〕 学年字数 200字 累計字数 440字	和	路	礼 列 練		流 旅 両 緑	落	予 羊 洋 葉 陽 様	由 油 有 遊	役 薬		命 面		味		放	平 返 勉	負 部 服 福 物	皮 悲 美 鼻 筆 氷	波 配 倍 箱 畑 発 ／ 農
4年〔7級〕 学年字数 202字 累計字数 642字		老 労 録	令 冷 例 連	類	利 陸 良 料 量 輪		要 養 浴	勇	約			無	未 民	末 満	包 法 望 牧	兵 別 辺 変 便	不 夫 付 府 阜 富 副	飛 必 票 標	敗 梅 博 阪 飯
5年〔6級〕 学年字数 193字 累計字数 835字			歴		略 留 領		余 容	輸			迷 綿	務 夢	脈		保 墓 報 豊 防 貿 暴	編 弁	布 婦 武 復 複 仏 粉	比 肥 非 費 備 評 貧	破 犯 判 版 ／ 能
6年〔5級〕 学年字数 191字 累計字数 1026字		朗 論			裏 律 臨	乱 卵 覧	預 幼 欲 翌	郵 優	訳	模	盟		密	枚 幕	補 暮 宝 訪 亡 忘 棒	並 陛 閉 片	腹 奮	否 批 秘 俵	派 拝 背 肺 俳 班 ／ 納 脳

ニとおりの読み／注意すべき読み

→のようにも読める。

「常用漢字表」（平成22年）
本表備考欄による。

ニとおりの読み

語	読み	→	読み	語	読み	→	読み
遺言	ユイゴン	→	イゴン	側	がわ	→	かわ
奥義	オウギ	→	おくぎ	唾	つば	→	つばき
堪能	カンノウ	→	タンノウ	愛着	アイジャク	→	アイチャク
吉日	キチジツ	→	キツジツ	執着	シュウジャク	→	シュウチャク
兄弟	キョウダイ	→	ケイテイ	貼付	チョウフ	→	テンプ
甲板	カンパン	→	コウハン	難しい	むずかしい	→	むつかしい
合点	ガッテン	→	ガテン	分泌	ブンピツ	→	ブンピ
昆布	コンブ	→	コブ	富貴	フウキ	→	フッキ
紺屋	コンや	→	コウや	文字	モンジ	→	モジ
詩歌	シカ	→	シイカ	大望	タイモウ	→	タイボウ
七日	なのか	→	なぬか	頬	ほお	→	ほほ
老若	ロウニャク	→	ロウジャク	末子	バッシ	→	マッシ
寂然	セキゼン	→	ジャクネン	末弟	バッテイ	→	マッテイ
法主	ホッス	→	ホウシュ／ホッシュ	免れる	まぬかれる	→	まぬがれる
十	ジッ	→	ジュッ	妄言	ボウゲン	→	モウゲン
情緒	ジョウチョ	→	ジョウショ	面目	メンボク	→	メンモク
憧憬	ショウケイ	→	ドウケイ	問屋	とんや	→	といや
人数	ニンズ	→	ニンズウ	礼拝	ライハイ	→	レイハイ
寄贈	キソウ	→	キゾウ				

注意すべき読み

語	読み
従三位	ジュサンミ
三位一体	サンミイッタイ
一羽	イチわ
三羽	サンば
六羽	ロッぱ
春雨	はるさめ
小雨	こさめ
霧雨	きりさめ
因縁	インネン
親王	シンノウ
勤王	キンノウ
反応	ハンノウ
順応	ジュンノウ
観音	カンノン
安穏	アンノン
天皇	テンノウ
身上	シンショウ／シンジョウ（読み方により意味が違う）
一把	イチワ
三把	サンバ
十把	ジッ（ジュッ）パ

⑩ 常用漢字表 付表 （熟字訓・当て字など）

＊小・中・高…小学校・中学校・高等学校のどの時点で学習するかの割り振りを示した。

※以下に挙げられている語を構成要素の一部とする熟語に用いてもかまわない。

例「河岸（かし）」→「魚河岸（うおがし）」／「居士（こじ）」→「一言居士（いちげんこじ）」

付表1

語	読み	小	中	高
明日	あす	●		
小豆	あずき		●	
海女・海士	あま		●	
硫黄	いおう			●
意気地	いくじ		●	
田舎	いなか		●	
息吹	いぶき			●
海原	うなばら		●	
乳母	うば		●	
浮気	うわき			●
浮つく	うわつく			●
笑顔	えがお		●	
叔父・伯父	おじ		●	
大人	おとな	●		
乙女	おとめ		●	
叔母・伯母	おば		●	
お巡りさん	おまわりさん		●	
お神酒	おみき			●
母屋	おもや			●
母さん	かあさん	●		
神楽	かぐら			●
河岸	かし		●	
鍛冶	かじ			●
風邪	かぜ		●	
固唾	かたず			●
仮名	かな		●	
蚊帳	かや			●
為替	かわせ		●	
河原・川原	かわら	●		
昨日	きのう	●		
今日	きょう	●		
果物	くだもの	●		
玄人	くろうと			●
今朝	けさ	●		
景色	けしき		●	
心地	ここち		●	
居士	こじ			●
早乙女	さおとめ			●
雑魚	ざこ			●
桟敷	さじき			●
差し支える	さしつかえる		●	
五月	さつき		●	
早苗	さなえ		●	
五月雨	さみだれ		●	
時雨	しぐれ		●	
尻尾	しっぽ		●	
竹刀	しない		●	
老舗	しにせ		●	
芝生	しばふ		●	
清水	しみず	●		
三味線	しゃみせん		●	
砂利	じゃり		●	
数珠	じゅず			●
上手	じょうず	●		

付表2

熟字訓・当て字（主な語）

語	読み
白髪	しらが
素人	しろうと
師走	しわす（しはす）
数寄屋／数奇屋	すきや
相撲	すもう
草履	ぞうり
山車	だし
太刀	たち
立ち退く	たちのく
七夕	たなばた
足袋	たび
稚児	ちご
一日	ついたち
築山	つきやま

語	読み
梅雨	つゆ
凸凹	でこぼこ
手伝う	てつだう
伝馬船	てんません
投網	とあみ
父さん	とうさん
十重二十重	とえはたえ
読経	どきょう
時計	とけい
友達	ともだち
仲人	なこうど
名残	なごり
雪崩	なだれ
兄さん	にいさん
姉さん	ねえさん
野良	のら

語	読み
祝詞	のりと
博士	はかせ
二十／二十歳	はたち
二十日	はつか
波止場	はとば
一人	ひとり
二人	ふたり
二日	ふつか
下手	へた
吹雪	ふぶき
部屋	へや
迷子	まいご
真面目	まじめ
真っ赤	まっか

語	読み
真っ青	まっさお
土産	みやげ
息子	むすこ
眼鏡	めがね
猛者	もさ
紅葉	もみじ
木綿	もめん
最寄り	もより
八百長	やおちょう
八百屋	やおや
大和	やまと
弥生	やよい
浴衣	ゆかた
行方	ゆくえ
寄席	よせ
若人	わこうど

付表2（都道府県名）

語	読み
愛媛	えひめ
茨城	いばらき
岐阜	ぎふ
鹿児島	かごしま
滋賀	しが
宮城	みやぎ
神奈川	かながわ
鳥取	とっとり
大阪	おおさか
富山	とやま
大分	おおいた
奈良	なら

5級

いちまるとはじめよう！
わくわく漢検

改訂版

別冊
標準解答
（べっさつ）

* 答えは別冊になっています。
とりはずして使ってください。

* 答えをとじているはり金でけがを
しないよう気をつけてください。

名前

漢検　公益財団法人 日本漢字能力検定協会　　　700415 (1-5)

1日目　p.11

❶
① みなもと
② こうちゃ
③ しおかぜ
④ すな
⑤ ようさん
⑥ げんせん
⑦ じゅひょう
⑧ いずみ
⑨ でんげん
⑩ あな

❷
① 温泉
② 紅白
③ 黒潮
④ 資源
⑤ 紅
⑥ 樹木
⑦ 砂
⑧ 蚕
⑨ 穴場
⑩ 潮

2日目　p.13

❶
① こくもつ
② ちち
③ がいろじゅ
④ じゅく
⑤ とうぶん
⑥ も
⑦ たまご
⑧ ぎゅうにゅう
⑨ じょうき
⑩ どひょう

❷
① キ
② エ
③ オ
④ カ
⑤ イ
⑥ ア
⑦ ク
⑧ ウ

3日目　p.15

❶
① ちいき
② りょういき
③ じゅうだん
④ いただき
⑤ しより
⑥ きょうど
⑦ しょほう
⑧ ちょうじょう
⑨ うちゅう
⑩ うら

❷
① イ
② ウ
③ ア
④ ウ
⑤ ウ
⑥ ア

4日目　p.17

❶
① めんみつ
② きけん
③ わか
④ はげ
⑤ ようしょう
⑥ わかば
⑦ だんりゅう
⑧ きび
⑨ なん
⑩ あたた

❷
① 密集
② 若者
③ 穀物
④ 難
⑤ 糖分
⑥ 感激
⑦ 厳禁
⑧ 温暖
⑨ 幼
⑩ 危

❶
① こきゅう
② ま
③ よ
④ す
⑤ えんせん
⑥ えんき
⑦ の
⑧ かくちょう
⑨ いさん
⑩ そ

❷
① 沿
② 危
③ 宙
④ 郷
⑤ 拡
⑥ 遺
⑦ 処
⑧ 穀

❶
① ア
② ウ
③ イ
④ ウ
⑤ ア
⑥ エ

❷
① 危険
② 縦
③ 密度
④ 遺産
⑤ 延長
⑥ 乳
⑦ 処分
⑧ 吸
⑨ 盛
⑩ 呼

❸
① 厳
② 熟
③ 難
④ 暖
⑤ 俵
⑥ 幼

❹
① 地域
② 蒸発
③ 頂点
④ 宇宙
⑤ 裏側
⑥ 卵
⑦ 郷里
⑧ 泉
⑨ 砂
⑩ 川沿

❶
① かんごし
② お
③ あやま
④ せいざ
⑤ てんらんかい
⑥ しきゅう
⑦ けいざいがく
⑧ いた
⑨ す
⑩ ふ

❷
① エ
② イ
③ ウ
④ ア
⑤ イ
⑥ イ
⑦ イ
⑧ ウ

3

15日目 p.43

①
① じゅんぱく
② きりつ
③ せいゆう
④ ゆうしょう
⑤ よ
⑥ ちゅうせい
⑦ かいぜん
⑧ せいじつ
⑨ じんぎ
⑩ おん

②
① 臨
② 純
③ 疑
④ 私
⑤ 垂
⑥ 優
⑦ 担
⑧ 忠
⑨ 善
⑩ 誠

16日目 p.45

①
① むね
② きんりょく
③ ふしょう
④ ほね
⑤ すじみち
⑥ いちょう
⑦ しや
⑧ こっせつ
⑨ きず
⑩ した

②
① ア
② ア
③ ウ
④ ア
⑤ エ
⑥ ア
⑦ イ
⑧ ウ
⑨ ア
⑩ ウ

17日目 p.47

①
① しんぞう
② はいけい
③ しぼう
④ ずのう
⑤ ぞうき
⑥ はい
⑦ つうかい
⑧ せなか
⑨ たんじょうび
⑩ はら

②
① い・エ
② き・イ
③ け・オ
④ え・ア
⑤ あ・キ

18日目 p.48 p.49

①
① エ・キ
② オ・ケ
③ ア・カ
④ イ・コ
⑤ ク・ウ

②
① 貴重
② 自己
③ 優
④ 背筋
⑤ 拝
⑥ 供
⑦ 尊敬
⑧ 苦痛
⑨ 誕生
⑩ 腹

4

① 単純
② 姿
③ 加盟
④ 脳
⑤ 私
⑥ 肺
⑦ 困難
⑧ 我
⑨ 退院
⑩ 骨

3

① イ
② ア
③ イ
④ ア
⑤ イ
⑥ イ

4週目

19日目 p.53

1
① ほうせき
② じりょく
③ こうてつ
④ たから
⑤ かんけつ
⑥ ていきけん
⑦ ぼう
⑧ つくえ
⑨ こくほう
⑩ いっせん

2
① 胃腸
② 忠実
③ 恩
④ 観衆
⑤ 傷
⑥ 磁石
⑦ 視界
⑧ 補強
⑨ 胸囲
⑩ 善

20日目 p.55

1
① さくし
② はいく
③ ぎろん
④ ろうどく
⑤ やく
⑥ ちょめい
⑦ つうやく
⑧ ちょしゃ
⑨ ざっし
⑩ わけ

2
① 5
② 8
③ 3
④ 12
⑤ 7
⑥ 6
⑦ 12
⑧ 11
⑨ 4
⑩ 6

21日目 p.57

1
① えいぞう
② きざ
③ ひげき
④ ていこく
⑤ うつ
⑥ えんそう
⑦ かいまく
⑧ ばんしゅう
⑨ よくじつ
⑩ く

2
① エ
② ウ
③ ア
④ エ
⑤ エ
⑥ ウ
⑦ イ
⑧ ア
⑨ イ
⑩ ウ

練習問題

練習問題

練習問題

7

25日目 p.67

❶
1. かんちょう
2. ゆうびん
3. おさ
4. うんちん
5. しゃそう
6. てんしゅかく
7. とうしゅ
8. ぶっかく
9. ちょうしゃ
10. まど

❷
1. け・イ
2. き・ウ
3. く・オ
4. か・ア
5. え・キ

26日目 p.69

❶
1. れいぞう
2. りっぱ
3. ひひょう
4. きたく
5. こと
6. わ
7. けいとう
8. はんちょう
9. やくわり
10. じぞう

❷
1. ウ・キ
2. カ・ク
3. ケ・イ
4. エ・コ
5. オ・ア

27日目 p.71

❶
1. はっき
2. きょうてき
3. さんさく
4. はんしゃ
5. とうろん
6. ふんき
7. ぶしょう
8. ふる
9. い
10. みだ

❷
1. 指揮
2. 貯蔵
3. 対策
4. 郵便
5. 乱
6. 運賃
7. 興奮
8. 内閣
9. 将来
10. 敵

28日目 p.73

❶
1. べっさつ
2. ねあ
3. こうそう
4. だんらく
5. ねだん
6. しょこく
7. ちそう
8. しゃくはち
9. しゅくしゃく
10. いっすん

❷
1. 奮
2. 宅
3. 乱
4. 敵
5. 派
6. 論
7. 将
8. 段
9. 著
10. 寸

p.75

❶
① かたあし
② こうごう
③ しゅしょう
④ はい
⑤ げんすんだい
⑥ かた
⑦ せいか
⑧ へいか
⑨ かいかく
⑩ まいすう

❷
① 3・6
② 4・7
③ 4・10
④ 3・5
⑤ 5・16
⑥ 7・10
⑦ 5・9
⑧ 8・15
⑨ 6・9
⑩ 3・6

p.76
p.77

❶
① 敵
② 権
③ 異
④ 値
⑤ 己
⑥ 策
⑦ 揮
⑧ 射
⑨ 革
⑩ 署

❷
① 宅配
② 割
③ 批評
④ 班
⑤ 冊
⑥ 券
⑦ 窓辺
⑧ 枚数
⑨ 寸前
⑩ 舌

❸
① 聖
② 省
③ 脳
④ 納
⑤ 奏
⑥ 層
⑦ 党
⑧ 討

❹
① 定刻
② 灰色
③ 階段
④ 諸国
⑤ 針
⑥ 銭
⑦ 片道
⑧ 系
⑨ 尺八
⑩ 宝

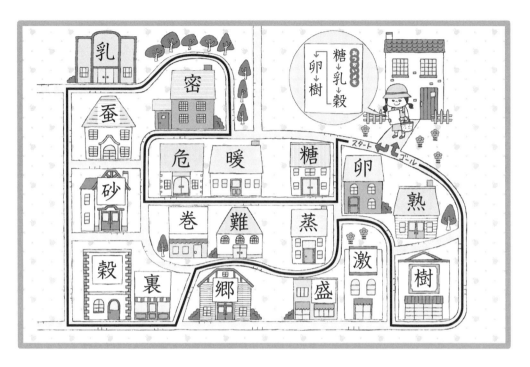

漢字で遊ぼう！ わくわく広場 3

p.36
p.37

漢字で遊ぼう！ わくわく広場 4

p.50
p.51

p.64
p.65

＊答えは「ホラアナノハコノナカ（ほら穴の箱の中）」です。

テストにチャレンジ！

p.80
〜
p.83

一 読み (20)

10	9	8	7	6	5	4	3	2	1
たっと（とうと）	おさ	つうやく	ほうそう	ちゅう	と	たず	そらもよう	かわぞ	こうはく

1×20

三 部首と部首名（記号） (10)

10	9	8	7	6	5	4	3	2	1
ウ	い	コ	け	カ	こ	キ	え	ケ	き

1×10

四 漢字と送りがな（ひらがな） (10)

5	4	3	2	1
映る	済ます	忘れる	激しい	垂らす

2×5

六 四字の熟語（一字） (20)

10	9	8	7	6	5	4	3	2	1
穀	乱	存	延	臓	誌	厳	域	給	射

2×10

九 熟語の構成（記号） (20)

8	7	6	5	4	3	2	1
ウ	エ	イ	ア	ウ	エ	イ	ウ

2×10

八 熟語作り（記号） (10)

5	4	3	2	1
コ	カ	キ	イ	ケ
エ	ア	オ	ク	ウ

2×5

± 漢字 (40)

10	9	8	7	6	5	4	3	2	1
従	呼	簡潔	専門	干	痛	吸	宅配	星座	姿

2×20

14

20	19	18	17	16	15	14	13	12	11
ふ	せいか	みと	むずか	みつりん	あら	ばんねん	ひけつ	あたた	ごかい

三 画数（算用数字）(10)

10	9	8	7	6	5	4	3	2	1
10画	4画目	12画	7画目	15画	4画目	13画	6画目	5画	3画目

1×10

五 音と訓（記号）(20)

10	9	8	7	6	5	4	3	2	1
ウ	エ	イ	ア	ウ	エ	ア	イ	ウ	ア

2×10

七 対義語・類義語（一字）(20)

10	9	8	7	6	5	4	3	2	1
優	割	値	樹	己	背	臨	未	革	縦

2×10

十 同じ読みの漢字(20)

10	9	8	7	6	5	4	3	2	1
復	腹	磁	辞	系	警	努	勤	棒	暴

2×10

10	9
エ	ア

20	19	18	17	16	15	14	13	12	11
善	盛	興奮	並	幼	貯蔵	派手	届	敬語	劇

都道府県名

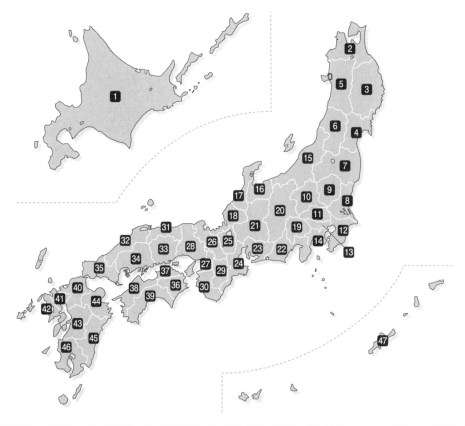

20	19	18	17	16	15	14	13	12	11	10	9	8	7	6	5	4	3	2	1
長野県	山梨県	福井県	石川県	富山県	新潟県	神奈川県	東京都	千葉県	群馬県	栃木県	茨城県	福島県	山形県	秋田県	宮城県	岩手県	青森県	北海道	

40	39	38	37	36	35	34	33	32	31	30	29	28	27	26	25	24	23	22	21
福岡県	高知県	愛媛県	香川県	徳島県	山口県	広島県	岡山県	島根県	鳥取県	和歌山県	奈良県	兵庫県	大阪府	京都府	滋賀県	三重県	愛知県	静岡県	岐阜県

47	46	45	44	43	42	41
沖縄県	鹿児島県	宮崎県	大分県	熊本県	長崎県	佐賀県